A la memoria de mis padres
Ada Lozano de Ramírez
Francisco G. Ramírez

INYAMA
Seleccion del autor
Livio Ramírez Lozano ©
Revisión de Alejandra Paredes Lardizabal
Primera edición, Casasola Editores, 2021
Diseño y diagramación de Óscar Estrada
Diseño de portada de Knny Reyes
296 páginas, 5.5" x 8.5"

ISBN-13: 978-1-942369-57-8
ISBN-10: 1-942369-57-3

Impreso en Estados Unidos

215 East Hill Rd. Brimfield MA. 01010

INYAMA

Seleccion del autor

Livio Ramírez Lozano

LIVIO RAMÍREZ LOZANO

El poeta hondureño Livio Ramírez Lozano vivió en México entre 1963 y 1971. Estudió la carrera de Derecho en la UNAM. Asistió al taller que coordinaba el poeta chiapaneco Juan Bañuelos, a quien siempre recordó con entrañable afecto. Allí lo conocí en 1969. Nos sorprendió de inmediato a los miembros del taller por su verso violento y su lúcida inteligencia. A fines de 1972, en el primer libro colectivo para jóvenes que se publicó en las Ediciones de Punto de Partida, *Noticias contradictorias*, aparecimos cuatro poetas: Livio Ramírez Lozano, Orlando Guillén, Juan José Oliver y yo. El poemario de Livio, el mejor de los cuatro, se llamaba *Arde como fiera*, el cual, en su estructura, tono y forma, prefigura una amplia parte de su obra. Directa, incisiva, sin descuidos musicales, su poesía, en este breve libro, como en buena parte de lo que escribió, está escrita con rabia, a martillazos, a puñetazos, con gritos vehementes contra la miseria y la injusticia. Si tuviéramos que definir de alguna manera su poesía hasta el año 2000, diríamos que se trata, para decirlo con él, de un "monólogo feroz".

En contraste sus poemas se impregnan de ternura y entrega ante el cuerpo de la mujer. Los amantes son los descendientes del fuego y aun llega a preguntarle a la amada en un instante de gran ternura: "Desde dónde podría salir el sol sino de tu cuerpo", hasta cuando, claro, llega "el rayo del desamor". Asimismo hay una añoranza sin fondo ante el recuerdo del padre o la nostalgia por una niñez que conoció el resplandor de la dicha.

Livio Ramírez Lozano tuvo "un hambre de ciudades en las plantas". Su poesía estuvo hecha de partidas y regresos.

No se sintió extranjero en ninguna parte. En su caso, cuando vivió en nuestro país, sus amigos siempre lo sentimos mexicano. De esos años quedó en el recuerdo del alma, en un largo adiós sin adiós, la ternura de Alejandra.

En esos años de los sesenta y los setenta, quizá sus dos mayores influencias, las constituyeron César Vallejo y T. S. Eliot, pero a excepción de algunas citas directas o parafraseadas de ambos, su verso no se parece al de ellos ni al de nadie. De Vallejo, de quien admiraba *Poemas humanos* y *España aparta de mí este cáliz*, lo marcó ante todo el sentido terrenal y profundamente emotivo de una lírica que andaba por las casas del alma y las calles del corazón y, no menos, la fraternidad con los desamparados del mundo. Nadie puede decir que vivió en verdad la vida si no bajó a los pozos profundos del sufrimiento. Incluso hay aquí un ciclo de sonetos irregulares en torno del poeta peruano. De Eliot admiró, me doy por creer, la múltiple musicalidad y versos que suelen quedarse en el alma para siempre. En poemas de Livio encontramos menciones o alusiones a momentos de *La canción de amor Alfred J. Prufrock*, *La tierra baldía* y los *Cuatro Cuartetos*. Uno de los versos que solía repetir a los amigos se halla en su *Borrador para una conversación con T. S. Eliot*, que guarda un encanto difícil de explicar: *Where is the summer, the unimaginable/ Zero summer?*, *¿Dónde está el verano/ el inimaginable verano cero?* (*Little Gidding*).

"La poesía es el único documento personal que poseo", dijo en una línea. Fue su pasaporte en el mundo. Desde muy joven Livio se aplicó por los años y las décadas a este "oficio de fantasmas" para contar furias y tribulaciones, amores logrados y otros que terminan con el sabor acre de la desdicha, soledades oscuras y la llama familiar, el otro que somos y la sombra que nos sigue como una amenaza.

Pero a partir de su libro *Columna que fluye* (1999-2000), sus piezas se vuelven más breves y líricas. Son una "arquitectura en vuelo". No por eso su poesía declina. Es tan notable, a su manera, el primer libro como el último que publicó. A partir de *Columna que fluye* el cielo del siglo XXI en las páginas se llena de pájaros: palomas como puntos blancos en el aire, hierba que verdea, pinturas que se vuelven fulgores imaginativos, epitafios a los amigos idos, su fervor cristiano, pero donde no se excluye la desdeñosa o furibunda reprobación a la usura capitalista o al político que convierte en estiércol las palabras. Lo único, o al menos, lo que más une su lírica de juventud con la última de las dos primeras décadas del milenio es la fe infatigable en el sol y la poesía.

Livio Ramírez nació en 1943 en Olanchito, departamento de Yoro, Honduras, pero por su poesía pertenece a toda Latinoamérica.

Marco Antonio Campos
Premio Casa de América (2005)
Ciudad de México, julio de 2021

LIVIO RAMÍREZ LOZANO
CINCUENTA AÑOS DE POESÍA

Palabra / No me traiciones / No te me rompas al presentar esta antología de mi maestro, el poeta Livio Ramírez Lozano. Te llamo, cepa ancestral de la música, semilla cuántica del lenguaje, tambor de voces. Palabra elemental para la poesía: lluvia y calma torrencial. Prólogo y epílogo del silencio. Ello es su verdad. Y la veracidad de la poesía es la verdad del mundo.

Livio Ramírez Lozano (Olanchito, Honduras, 1943) es un poeta infalible como la sed. Su obra es una geografía andante (Ciudad de México, Madrid, Ginebra), diáspora sustentada en su formación académica y andamio laboral. Sus libros componen un ser en movimiento, idioma tectónico, ventana y peldaño, cincel y martillo en su raíz llameante —Olanchito en la memoria de su sangre—, tierra natal en su hondura, búsqueda fluvial de la condición humana. *Vibra el mundo en mi mesa de trabajo*, escribe el poeta en la matriz de puentes que cruzan de lado a lado su océano verbal.

Arde como fiera (1971) es un libro dinámico en cada golpe de ritmo y certeza: *Hay un punto brutal / Donde una vez se tocan / La vida y las palabras / Indestructible / Esta salvaje alianza.* Escrito en la época del emblemático taller de poesía a cargo de Juan Bañuelos, que Ramírez Lozano integró junto a poetas de la talla de Marco Antonio Campos, responsable de su antología (y del maravilloso prólogo) en la Colección Material de Lectura (UNAM, 1991); tiempo en que fue el presentador de Nicolás Guillén y Pablo Neruda ante miles de estudiantes en México, gracias al equilibrio de su fuerza interior y la cordillera de su gran despliegue escénico;

guerrero en el axioma de sus días: *Muerdo mi propia sangre* / Diariamente / *Cada instante / Pregunto a mis verdades / Me escucho / Con profunda desconfianza /* (...) / *Practico la acrobacia del yo mismo / En el fondo la vida es cuestión de saltos mortales.* A ello hemos venido, poeta que alza la voz por la matanza en Tlatelolco, ser humano en combustión por un tiempo que no cierra sus heridas, autor que muerde su página para que veamos la foto completa de la luz. A pesar de la tempestad en el aire sucio del porvenir, su trabajo defiende la brújula descompuesta de la humanidad: *Un hombre dice amor / De mil maneras / Y le dan el horror a cucharadas / Míralo ahora / Roto bajo el aire / Algo quiere decirte...*

Descendientes del fuego (Premio Internacional de Poesía Platero, Suiza, 1981) es un libro de poesía amorosa que debería ser considerado (de forma vitalicia) en las mejores antologías de este género poético. *En tus ojos cerrados / Se madura la luz. / Sobre tus labios entreabiertos brilla / La más bella palabra: / Cascada de ti misma, / Surtidor de silencio. / Maravilloso abismo tu boca que contemplo.* Los amantes y sus hábitos de fuego, estaciones, movimientos y reposo: *Olvidando su nombre / Casi no fluye el tiempo. / Es un ramaje de oro / En las manos de un ciego.* Al amarse fundan su ciudad, la ven en la ventana de sus cuerpos, su desnudez los viste. Acuerdos, desenfados, preguntas, erotismo; guía marítima, temporada de resplandor, punto alto del gozo: *Eres una sed extendida de los pies a la frente / Desde ti / Una primavera furiosa nos reclama.* Señales para un punto de equilibrio: *Palpita el astro de tu cuerpo: / Tendido está el relámpago, / Fijo / Sin movimiento.* Todo es tan perfecto que debe terminar, sucumbir a la intensidad volcánica del ser, soltar las amarras del final, la amplitud de lo estrecho, embudo y cataclismo en su oleaje acantilado: *Ruinas, / amargas ruinas. / Destrucciones que duele ver. / Vencidas, / Arrasadas nuestras huellas. / Únicamente en pie, / sobreviviendo: / El árbol del que caen cicatrices.*

Livio Ramírez Lozano es un poeta con una fuerza desmesurada. Sus libros tiemblan en la mano del lector. Lo conocí en casa de unos amigos, con quienes tuvimos un taller de poesía. Él llegó, fraterno, con sus poemas y un álbum de experiencias muy valiosas. Nos escuchó y dio varios consejos, nació una amistad. Además de ser un gran poeta, es Académico de la Lengua y uno de los gestores culturales más importantes de Honduras. Es Premio Nacional de Literatura Ramón Rosa (2002) y Premio Nacional de Letras José Trinidad Reyes (2004). A él se debe la recuperación histórica de muchos de nuestros poetas, mediante la publicación, con el poeta Efraín López Nieto de múltiples libros y cuadernillos de poesía, cuando Ramírez Lozano fungía como Director General de Cultura en el —lamentablemente — reducido Ministerio de Cultura de nuestro país.

Personajes y otros poemas (1990) es una sublime rendición de cuentas, pero no de la forma en que esta expresión cala en la pesadumbre de la agenda existencial, todo lo contrario: es un jardín verbal, creado por el poeta para honrar a sus maestros y amigos, a su cuidada relación con las palabras, a la poderosa memoria de su padre: *Apoyado en la muerte, yo sé que tú me escuchas. / Con las cuencas vacías, yo sé que tú me miras. / Más hondo y transparente, más humano que nunca. / Sufriendo este silencio que no te cicatriza.* En este libro aparece su *Borrador para una conversación sobre T.S. Eliot,* en donde atiza el fuego del poeta, la reposada tierra de sus versos, el frío abismal de la desolación, *una palidez violentísima / en la enorme mirada / algo muy semejante a un animal herido.* Se manifiesta su relación con César Vallejo (diálogo que mantendrá en muchos de sus libros): *Buenos días hombre del kiosco / Hombre que aún lloras por Vallejo. /*

Buenos días edificios en construcción. / Obreros que levantan las mañanas. Poeta que respeta la fraternidad, el pacto con el jazz de sus amigos y los libros, memoria fiel de las reuniones en que todos fortalecieron su vocación por la poesía. Inicia la energía mejor guardada en su oficio: el continuo amanecer, otra forma de decir Dios (*luz del sol en los poemas*).

Cavando en las palabras. / Metido en ellas como si fueran minas, / pozos peligrosísimos, / arenas movedizas / donde espero encontrarme, / hincándoles el diente con voluntad animal, / arrancándomelas de la boca / como algas abominables, / abriéndolas en dos. / Enterrándolas, / Reviviéndolas a golpe de poesía, / A puntapiés que doy con el corazón / Metido en las palabras / Miro mis armas fatigadas... Es el inicio de *Escrito sobre el amanecer* (1990), libro clave en mi camino: acudo a él cuando he perdido mi fe en el apostolado de la escritura. Tiene imágenes poderosas, sus versos se mantienen de pie en una poética del desgaste, mirada rodante en busca del astro mayor. Su propósito es amanecer, pedir respuestas a las cornisas de las manos, rendir cuentas ante la historia, sembrar una morada a las preguntas cíclicas: *Escribo. / No sé si hago una autopsia / o giro en la borrasca de un gran autorretrato / o combato en un óleo de todos o de nadie.* Poesía, llamado al interior, invocación de los maestros: *Quiero escribir la vida de golpe. / Quiero que griten mis amigos muertos, / Que salgan de la tierra, / Puros, como relámpagos. / "Quiero escribir pero me sale espuma". / Así es César Vallejo, / Pero me salen los asesinados / Y más espuma / Y más asesinados / Y más país de muerte atravesado.* Poesía para aprender a vivir: a pesar de las guerras, la noche baldía, las cenizas. Una metáfora de lo infelices que nos empuja a ser el sistema: *Mañana seremos nuevamente / Las piezas / Que la gran máquina exige. / Mañana habrá que llegar puntuales / A los respectivos mataderos.* Un libro dedicado a sus hijos (y sucesivas generaciones), dispuesto a mostrar las rendijas de luz entre las ramas del lenguaje, la sombra pesada de este tiempo y su agitada enramada de complejidades que, pese a todo, nos une: *Árbol de guerra. Árbol que embiste y aletea. / Sol absoluto, nuestro, que devoras los ojos / Para poder seguirte, / Largo río de fuegos, / Donde al verme contemplo y soy la multitud.*

Columna que fluye, poesía fatigada ante los *enemigos reales* de la historia que se repite como el *animal herido* en libros que mantienen vivo un pacto, poemas que llegan a puerto, esquirlas de palabras sobrevivientes al reposo de una metódica formación. Etapa repleta de tornados en constante fermentación, aire caliente, convulsión, pez (peces) con los ojos llorosos de tiempo. Meditación constante, primavera, *in memoriam*, a Jeannette Kawas, mártir ambiental: *los árboles florecen / En medio del ultraje.*

Surge un capítulo clave en su poética, cobran vida cuatro textos cardinales en su maravilloso *Libro de sonetos,* con César Vallejo, humano central: *Mira, también el mar escribe espuma, / Dolientemente humana, negra espuma, / Como esta que me sale de las manos.* Livio Ramírez Lozano trae una y otra vez, con un sentido oleaje, la angustia del poeta fallecido un jueves del cual —quienes vivimos en el país de la poesía— tendremos siempre el más triste recuerdo, pero en Ramírez Lozano se ha fundado una patria mayor por este rezo, un intento de aplacar la angustia de Vallejo en estos poemas, con España convertida en la humanidad que ansiamos salvar con el choque cardíaco de la poesía: *Apártale este cáliz a Vallejo, España de su amor. / Bórralo de sus ojos, que están llenos de guerra. / Está triste, arrasado; sucede que le duelen / Los días jueves, que el dolor se le mete / entre los huesos húmeros...* En estos sonetos, Ramírez Lozano también honra a uno de sus hermanos más queridos, el poeta hondureño José Luis Quesada, figura clave en la balanza de este oficio milenario;

ello es la estación que vigila sus esclusas, una mirada en forma de horizonte y abrazo empapado: *¿Cuántos siglos duró aquel aguacero?*

Una *Praxis de lo imposible,* donde *relinchan los colores, se gira con el cosmos* al rozar *la galaxia Sor Juana* y —al mejor rezo de Rilke— el poeta se dirige a las nuevas generaciones, unido al andamiaje que permite cincelar la realidad en un festín de cuadernos con el más hermoso pacto de la utopía. *Amorosia* para volver al lenguaje de los amantes: *No hay días sino antílopes / No hay horas sino besos / Toda la ciudad cabe en el ojo del pez. Prosia* para agradecer a Bach: *Si un órgano suena como el otoño, detente, quédate a la orilla de ese milagro;* y después saltar al mar *dormido en el mueble,* en busca de un *caballo de espuma* que anuncia el verano; *Palabra por palabra, porque Nuestra segunda sangre / Ha sido la escritura. / En términos humanos / Ella es el universo;* certeza de Dios en *Teosía,* ancestro mayor, *el más grande / el perfecto / el incesante poeta.*

Gratitud, respeto, correspondencia. Ensamble lírico, potable y consecuente. Autor que sostiene medio siglo de poesía, lo espiritual en el ligamento de las palabras, cartografía de nuestros espejos mancillados, signos de una convicción: *Todo parece que estuviera muerto / Pero no / Yo siento este volcán de la gente / Y un día de estos / Las avenidas parecerán serpientes / Y amaneceremos con armas / Brillando entre los dedos;* cuánta razón en sus versos, querido poeta, el arma —pese a todo— es la palabra.

Dennis Ávila Vargas
Premio Internacional de poesía Pilar Fernández Labrador,
Salamanca, España 2020

INYAMA
Seleccion del autor

Livio Ramírez Lozano

Arde como Fiera
México-UNAM, 1971

Palabra

No me traiciones
No te me rompas a mitad del vuelo
Prefiero que me enseñes
La forma de matarte
Si no me das el hijo que yo quiero

Hay un punto brutal
Donde una vez se tocan
La vida y las palabras.
Indestructible
Esta salvaje alianza

Algunos tendrán miedo
De romperse los ojos
E inventarán ángeles falsos
Que digan el poema
Pero otros
Seguirán escribiéndolo
Con los últimos huesos
Frente al horror
Inmensos
Sin poder detenerse
Ante el infierno creado
O los posibles hijos de la muerte

Por ejemplo esta tarde

Podría meterme en mi gabardina
Como dentro de una muerte
Perfectamente diseñada
Y andar y andar por las calles
Resolviendo con oficio de fantasma
Algunos crucigramas
Que la soledad nos impone
O podría imitar la bellísima libertad
De los perros sin dueño
Pero uno
Hay que aceptarlo
Va teniendo reservas con el viento.
Lo importante sería
Echar parejas con los relojes
Tener un hambre de ciudades en las plantas
Que los pies amaran toda la tierra
Habría
Que enterrar la parte conservadora del pellejo
Y desarrollar como locos auténticos
Esta piel capaz de crear su propia luz.
Yo pienso largamente en estas cosas
Hablo con los demás
Para saber si se trata

De una locura pública o privada
Y me da algunas veces
Un oceánico gusto
Reconocer
Cierta familiaridad fantástica
Cierta identidad de insomnio
Alguna sed increíblemente igual
Les digo que podría echarme llave
Y gabardina adentro
Dejar que el corazón hiciera cuentas
Y seguiría vagando
Soñando abiertamente
Y haciendo castillos y castillos
Y castillos
Hasta demostrar que el asesino no es el viento

Qué importa
Esta cara de mártir barato
La inútil, personal, absurda muerte
Huyo de mi posible santidad
Quemo el templo
Que mi propio dolor construye
Corro sobre mis huesos
Hasta llegar aquí
Donde el dolor de todos
Arde como fiera.
Como mar brutalmente humano

Muerdo mi propia sangre
Diariamente.
Cada instante
Pregunto a mis verdades Me escucho
Con profunda desconfianza Toco a muerte
El íntimo tambor
A ver sino se rompe
Con mi nombre
Llamo traidor al ojo
Si no llega al subsuelo de la imagen
Practico la acrobacia del yo mismo
En el fondo la vida es cuestión de saltos mortales

Tengo ahora
Nostalgia de yo mismo
Y me quedo sin tiempo
En niño antiguo
Y de verdad el pájaro es el pájaro
Y un caballo de amor
El aire tiene
Son las tres de la tarde
Está lloviendo
Mi padre habla del mar
Siento los peces
Mil novecientos Livio
Y era entonces
Un cielo mío
Vivo
Ciertamente

Niño,
El mundo y tus ojos se aman.
Vuelan hacia tu nombre mil puñales.
No miras en el aire
Las vivas avenidas que hace el llanto.
¿Cómo decirte niño
Que hay un tigre envenenado y ciego
Que te anda buscando?
Sueña, niño
Sueña
Mientras a nosotros
La muerte nos anuda la corbata.

Tlatelolco

Bajo la noche funeral
Los jóvenes masacrados seguían temblando
Todos tenían en los ojos
Más o menos el mismo recado
No nos olviden
Véngame
Te amo

Todo parece que estuviera muerto
Pero no
Yo siento este volcán de la gente
Y un día de estos
Las avenidas parecerán serpientes
Y amaneceremos con armas
Brillando entre los dedos
No sabría decirlo
Pero me consta
Que algo de nosotros
Saldrá implacable ardiendo
Que a nadie engañe este aire
Solo es el principio del incendio

Un hombre dice amor
De mil maneras
Y le dan el horror a cucharadas
Míralo ahora
Roto bajo el aire
Algo quiere decirte
Escucha
Fíjate
Pudiera ser que el hombre seas tú mismo
Y es otro quien va dentro de tu traje

Guevara

Del cuerpo asesinado
Salieron al final
Fieras y fieras
Flechas de puro amor
La luz con garras
Buscaban hombres nuevos y coléricos
Pero el mundo fue igual
Y murieron rugiendo

Hay hombres de callado apocalipsis
Su tiempo es una lenta navaja de semanas
Aman un aire muerto y unas veces
Se puede ver sobre sus ojos rotos
Una enorme niñez asesinada

Este es mi odio ciudad
El áspero monólogo
Que me desborda y salta
¿Qué han hecho con tu rostro?
¿Quién te cortó las manos?
¿Bajo qué brutal peso
tu quebrada niñez
está temblando?

No hay tiempo de decir
Por donde vino el fuego
Solo queda asumirlo
Aquí me callo.

Descendientes del Fuego
1980

Premio Internacional de Poesía "Platero"
Ginebra, Suiza

PRIMERA PARTE

"Porque las desnudeces enlazadas
Saltan el tiempo y son invulnerables
Nada las toca, vuelven al principio".

Octavio Paz

Los Amantes

Descendientes del fuego
los amantes son niños salvajes
Ferocísimos seres
que no atacan a nadie
Descendientes del fuego
no miran
no tienen sentido de la distancia
se precipitan en sí mismos
de ceguera y fulgor están armados

Estás desnuda
La tierra olvida su ballet
Nada se mueve
Nada existe
Solamente tu cuerpo
Ante mi ojo de cíclope hechizado
Eres una sed extendida de los pies a la frente
Desde ti
Una primavera furiosa nos reclama

Es el verano que ama el cuerpo de la noche
Sonríes
Con dulcísimos relámpagos
El sol sueña extendido
Sobre tus hombros de cristal
Estás viva Estás viva
Es humana la luz
El tiempo te obedece
En tu rostro resplandece mi vida
Bajo mis manos creces
Tu esplendor te desborda
La estación cabe entre tus pechos
Fiera de insomnio:
El mar vigila
El curso de tu sueño
Todo el fulgor del día mana de tus cabellos
El árbol del deseo
Extiende sus oleajes
Isla blanca tu espalda
Vía láctea tu cuerpo
Háblame con los labios maduros
Háblame
Destruye dulcemente
El espacio que odiamos
Pronuncia esa palabra
Que me saca del tiempo

Alquimia del amante

Cubierta por mis ojos,
duermes sobre la noche.
Yace,
Palpita el astro de tu cuerpo:
Tendido está el relámpago,
Fijo,
Sin movimiento.

En tus ojos cerrados
Se madura la luz.
Sobre tus labios entreabiertos brilla
La más bella palabra:
Cascada de tí misma,
Surtidor de silencio:
Maravilloso abismo tu boca que contemplo.

Olvidando su nombre
Casi no fluye el tiempo.
Es un ramaje de oro
En las manos de un ciego.

Un río inacabable
Que desemboca en mí
Da vuelta en tus caderas.
Estás llena de signos.
Territorio sagrado.
Reverso de la vida:
Tu presencia conduce a otra presencia.

El mediodía en sombra de tu cuerpo:
Verte,
Leerte así.
Contemplación que es fiesta
sobre toda la tierra.
Marea de los cinco sentidos.
Va y viene el pensamiento
Imantado por ti:
Corriente de alas ebrias
Monólogo que es lluvia del ser.
Lluvia cayendo sobre mi desvelo.
Debería perderme
Entre tus muslos.
Nunca
Salir de ti.

Dormida. Deshojada.
Desbordante lectura.
Mirándote soy otro.
Me ilumino al tocarte,
Creándote me creo.
Mis manos son planetas en donde vives
Pero son tus raíces de fuego
Y más allá del cielo creces:
Oceánica ascensión.
Espiga inabarcable que sueñas a mi lado.

A esta hora
Las cosas son perfectas
Y en la implacable hoguera de la poesía
Arden
La máscara de fango de los días,
El código del buitre,
El horror que nos dan.
Inmensa es la vigilia.
Inmenso lienzo en blanco que tú llenas.
La ventana entreabierta
Derrama sueño hacia la oscuridad.
Tu blusa roja brilla sobre el viejo sillón.
Te exploro:
Aire, tierra, agua, fuego: se confunden.
Exacto panorama del origen.
Vientre pulido: obra del verano.
Girasol que obedece los rayos de mis ojos.

Es infinitamente humano
El fuego de mi tacto.
Es mi última frontera
Ésta que deslumbrada te rodea.
Camino que termina devorándome.
Surjo,
Aparezco lleno de ti
Hombre y fantasma soy mientras te beso
Gira la hélice plena de todas tus imágenes.
El bosque de tu lenta respiración,
El blanquísimo valle
De todos tus latidos.
Sigo esta exploración
Para saber quien eres:
Desfiladeros, desfiladeros.
Palpo la luna en tus rodillas
Cálido manuscrito del comienzo.
Horizonte que todo lo contienes

Piedra de sacrificio.
Campo vertiginoso
Altar de hermosa rabia.
Piélago de la sed: el lecho,
Donde empiezas
A despertar.
La ciudad abre las fauces
Metódica,
Lentamente.
El día aún no llega.
Ha de surgir de ti.
¿Cómo podría amanecer sino desde tu piel?
¿De dónde podría salir el sol sino de tu cuerpo?

Madrid

Ven

No hables
No despiertes tu voz de lluvia o música
Ven con los labios vivos
Ven con la boca plena de pájaros y besos
Rostro forjado en las profundidades de un astro
Ojos casi imposibles al borde del destello
Ven solo con tus labios de espuma y de condena

Habitación

Creando otro tiempo,
Amor,
Creando otro espacio.
Iguales y distintos,
Inventándonos,
bebiendo uno del otro,
nos hemos devorado
adentro del relámpago.

SEGUNDA PARTE

Habitación

Erguida
Sobre todas las máscaras del mundo,
Iluminada por ti misma,
Cantas
Solo cubierta por tu desnudez

Recorro la ciudad

A la velocidad de un fantasma
recorro la ciudad.
Si esto tuviera rostro
lo golpearía,
lo atacaría de frente
como a un enemigo
a quien se odia
desde el centro del odio.

Qué peste disfrazada.
Escaparates
que nada tienen que ver con la vida.
Lujosísimos edificios
donde se planifica la barbarie.
Amor:
me duele esta monstruosa maquinaria.
Ven, amor mío.
Acércate.
Apágame esta noche
que me devora el pecho.

Ciudad

Esta es la ciudad donde se aman.
Un río derrotado.
Puentes que unen la muerte con la muerte.
La bestia de mil caras
Cuyo ojo es una llaga que odia al mar.
Ultrajados y largos
Son sus días.
Limita aquí el amor con alimañas.

Salto

Para seguir viviendo
Los amantes
Han destrozado todo
Han arrancado el cielo
Han dado el salto hacia la luz prohibida

La orden

La luz escribe tigres
Nada duerme en los ojos del día
Los amantes se besan entre nubes
La orden del verano es vivir

Selva Veloz

Casa con unicornios
Casa de pecho abierto
Selva veloz
Estatua que solo corre hacia la primavera
Tal es el tiempo de los que se aman

Ventana

Su ventana es un ojo encendido,
Implacable.
De noche
Los amantes contemplan la ciudad:
Arquitecturas de odio.
Verdores arrasados.
Muros que alza el terror.
El oleaje del día muerto sobre la plaza.
Los amantes se miran.
Les florece la rabia
Como si fuera un pacto.

TERCERA PARTE

"¿Es posible que el amor haya caído en el polvo
Y no haya sino carne y huesos velozmente adorados
Mientras el fuego se consume
Y los caballos vestidos de rojo galopan al infierno?"

Pablo Neruda

El Buzo

Debajo de la noche
Buzo en la soledad
que no es posible imaginar.
Herida gravemente
mi escafandra,
avanzo con los ojos
llenos de ti.
En el pecho
un oleaje
intolerable.

Dime

"Oh vida, oh vida:
¿Soy yo aún
El que aquí desfigurado arde?"
Rilke

Dime, ¿tú entiendes esto?
¿Miras igual que yo
cómo crece en nosotros esta niebla
cómo nos borra con un odio lento?

¿Miras igual que yo
como se pudre el cielo
ahora que cuento todas las heridas
bajo esta paz estúpida que llega
después de haber amado?

¿Oyes caer la sangre de esos días
en este mismo sitio
donde yo escupo mi impotencia
y escribo con rabia
la palabra amor
y un olor a espanto flota sobre mis papeles?

¿Te derriba tan bien
este alarido
que rebota
en los muros del infierno,
este rito de ciego
en las últimas gradas de la muerte?
Ah, querida.
Amor que ya no eres mi amor.
He aquí el desastre,
el abismo presentido,
la ciudad convertida en una enorme cicatriz.
He aquí el tiempo,
nuestro tiempo,
con la columna rota.

Memoria

Donde hubo amor
Hoy quedan solo cisnes de pus
Estos lugares muerden
Me largo de este sitio
La memoria es un pozo de serpientes.

Ruinas

Bajo un cerrado mar de alas quebradas,
Con un enorme peso
Atado al cuerpo,
Yace ese amor.

Ruinas,
amargas ruinas.
Destrucciones que duele ver.
Vencidas,
Arrasadas nuestras huellas.

Únicamente en pie,
sobreviviendo:
El árbol del que caen cicatrices

Las Palabras

Hoy no bastan.
Las rompo.
Las arrojo al vacío.
Yo sangro, no me sirven.

Monólogo

Quisieras arrancarte la derrota.
Escribir aunque fuera de golpe,
A manotazos, esto que te derriba en forma inevitable.
No puedes, imposible.
El rayo del desamor,
El lento rayo
Te ha partido las manos.

Monólogo

"Por el amor comenzará esta destrucción.
Por el amor todo tendré que hacerlo nuevamente."
L.R.L.

Hay en el pecho un cráter
Idéntico al cadáver del mar:
El desamor,
Sus garras
Sus insaciables garras de cristal.

Basta.
Basta. Incorpórate.
Abandona
Tu insomnio erizado de espinas.

Aparta la jauría invisible y brutal.
Sal y enfrenta
Los filos de lo oscuro.
No te detengas,
Sigue:
Es hora
De que arrastres la noche por los cabellos.
Oblígala a caer en este pozo
En donde no terminan de ahogarte.

Personajes y otros poemas
(1990)

Borrador para una conversación sobre T.S. Eliot

La niebla más bien era humana,
el invierno
era más de la gente que del tiempo
Aquella vez
que encontré a Eliot
hablando solo
entre la multitud sin cuerpo.
No iba impecablemente vestido,
no parecía tan saludable
como aseguraban mis informantes
Más bien
descubrí que tenía
una palidez violentísima
y en la enorme mirada
algo muy semejante a un animal herido.

En realidad hablaba extrañamente
y así
solo
parecía un tigre
paseando su desolación
sobre los enigmas del invierno.
En Londres
se tiene la costumbre cruel
de no hablar con los desconocidos
pero Eliot era diferente.
Algunas veces
le vi en los parques
descifrando el otoño
curiosamente no estaban Ezra Pound ni Dante
sino algunos ancianos,
excombatientes de guerra,
Inválidos en sus sillas de ruedas
matrimonios cubiertos de un tiernísimo musgo
viendo caer las hojas en silencio.

Los viejos, me dijo
alimentan a las palomas con su muerte.
Naturalmente que esto es invisible,
por eso vienen a los parques;
además, tienen otras razones de tiniebla
y continuó su oficio de fantasma.
Durante varias semanas
dejé de verle.
yo buscaba mi rostro
desesperadamente
a través de lecturas,
cacerías atroces
conversaciones interminables y borracheras.
Entonces nadie supo darme su dirección exacta.
Y probablemente
él tampoco hubiera podido hacerlo.

La última vez que le vi
hablaba
de mujeres
que iban y venían por las habitaciones
hablando de Miguel Ángel
decía que Alfred Prufrock y él
eran la misma persona.
Finalmente,
comprendí que deseaba estar solo.
Y le dejé
frente a sí mismo
herido y hechizado
Al pie de su pregunta:
¿Dónde está el verano
el inimaginable verano cero?

Cortometraje

Dante
Habla solo
Mientras camina
por Nueva York,
Llega hasta Wall Street
Mira hasta el fondo
Y anota en su cuaderno:
Inferno,
Inferno.

Van Gogh

Pintabas
con una fiebre
que todavía nos sacude,
nos pone los pelos de punta.
Tu palcta
era un lago revuelto.
Tus pinceles
Eran órganos
Con los cuales Vincent
Pintaba a Van-Gogh
Enfermo de soledad,
De tiempo.
Van Gogh
Pintabas con la punta de tus nervios.
Te cortaste la oreja
Como un ramo de aullido
Porque eras excesivo,
Demasiado poeta.

Padre

A Francisco G. Ramírez

I. Arde la soledad, a fuego lento.
Gira sobre sí misma en llamaradas.
Nos abre los costados con su lanza.
Sed de nosotros tiene. Nos acaba.

Nos derriba de golpe. Nos arranca
Del más profundo amor, hiere los días
De manera mortal. Irrumpe, avanza
Sobre nosotros. Vence su jauría.

Apoyado en la muerte, yo sé que tú me escuchas.
Con las cuencas vacías, yo sé que tú me miras.
Más hondo y transparente, más humano que nunca.
Sufriendo este silencio que no te cicatriza.

Otra es la soledad que te circunda
Como fiera constante que no cesa
De desgarrarte sola en las riberas
Donde sigues amando y la sangre te pesa.

Cada uno a la intemperie creciente: yo cortado,
Separado de ti de un brutal tajo.
Tú roto para siempre. Arrojado al vacío.
Por una mano inmensa sin piedad apagado.

II. Me duele la existencia cruda, directamente.
Me duelen estas grietas que ha dejado tu muerte.
Veo al mar desangrarse entre cuatro paredes.
La luz es alarido y la creación es vértigo.

Voy hacia ti como antes: amargamente niño.
Niño de golpe. Hijo de sedientas raíces.
No sufras contemplando mis años. Mi perdido
Paraíso entre escombros enormemente tristes.

Para encontrarte subo hasta tu amor. No alcanzo
La mano que me ofreces nuevamente encendida.
Echo abajo los muros. A nada me resigno.
Honda mi desamparo. Piedra de ira yo mismo.

Se impone la frontera feroz. En un abismo
Desembocan tus brazos vivamente extendidos
No alcanzas la otra orilla donde mi sangre espera
Y a tu muerte regresas padre mío.

Yo regreso a mis ojos. Por invisibles cauces
Desciende mi derrota pero no importa, padre.
Nunca, nunca el olvido. La victoria del polvo.
Solo el amor en llamas alzado contra todo.

III. Te escribo desde mí. Desde este tiempo
erosionado y abismal. Partido
en otra muerte estoy y esto que escribo
es el dolor. El mundo escarnecido

De tu hijo, el menor. No estoy vencido.
No me mata lo humano todavía.
Cuanto haya que destruir yo destruiría
Por esto de seguir viviente y vivo.

Tu muerte es mi derrota y nada puedo
Hacer sino estallar de esta manera.
Con las manos revueltas yo quisiera
Retroceder el tiempo y que no sea

Verdad el precipicio ni el vacío
Donde estoy a tormentos reducido.
¿Qué hacer para que estés aquí, conmigo,
hablando, ahora, padre, mientras pasa el invierno?

¿Qué muro derribar para que digas
de nuevo tu palabra? No hay infierno
peor que este silencio. No es posible
que calles más. Dime qué miras

La luz que crece para ti. Las alas
Deslumbrantes del día. La calle que reclama
Tus pasos, tu batalla. La tierra que sentía
Tu marea sanguínea, tu humanidad doliente.

IV. Padre: vivir es un oficio terrible. Es dar la cara.
Afilarse los ojos. Ascender con un nombre.
No hay aguas más violentas que las de la conciencia
Ni ríos más rabiosos que los que tiene el hombre.

Quiero incendiar la noche que de ti nos separa.
Voy a golpear la tierra. Voy a romper tu muerte.
Haz que vuele en pedazos la lápida que tienes
Sobre tu hombría yerta. Quiero que te despiertes.

Que traigan tu caballo de mineral belleza:
Puro fuego animal. Negra altivez eléctrica.
Toma las riendas tensas. Sujétalas con fuerza
Para que te confundas de nuevo con el viento.

Rompe las dimensiones de esta ausencia
Espantosa. Quiero verte delante de tu muerte
Y la mía. Padre: quiero que abras las puertas del mar.
Quiero que ya no mueras. Quiero que te levantes.

Personaje de Infancia

En el acribillado jardín
Los árboles definitivamente callan.
Las estatuas lo miran desde otra realidad,
Ni el eco de su nombre le responde.
¡Qué invisible violencia que lo arrasa!

Personaje I

"Cría cuervos
y te sacarán los ojos"

A Irma Soto
In memoriam

Patria. Que los cuervos que criaste
nunca estén a la altura de tus ojos.
Que nunca alcen el vuelo,
que se pierdan por viles.

Personaje II

Ustedes son los cuervos reales del refrán.
Este país los crió,
En realidad les dio lo que tenía
Pero después,
Ustedes
lo cubrieron de infamia, le sacaron los ojos,
Jugaron a los dados sobre su misma cara.
Lo convirtieron en espantapájaros.

Morazán

(1792-1842)

General: Neruda dice
Que la noche de su país es alta
Pero que usted vigila.
Desde que lo mataron
Usted ha vigilado suficiente.
Desde que lo enterraron
Y lo desenterraron,
Usted ha sido un hombre.
Sálgase ya del bronce, General:
Asuma el mando.
Comience a cabalgar entre los pinos,
antes que la ignominia se extienda por completo.

Estatua del Prócer Valle

A Ibrahim Puerto Posas
En memoria

El Sabio Valle
Encerrado en un parque encerrado.
El Sabio Valle
Rodeado de soldados
Con armas y escudos antimotines.
El Sabio Valle
Con la cabeza llena de luz Pensando:
"El país del error".
El país del horror.

Personaje IV

Bienvenido a este “reino”,
a este país manos arriba.
Aquí tiene las llaves.
La memoria oficial.
Póngase sus gafas oscuras.
Observe bien todo esto,
Muy querido Frank Kafka.

Personaje V

¿Qué fue de nuestro pacto con la vida?
Algo grave ha pasado.
Una herrumbre nos cubre.
¿Cuándo empezó esta noche abominable?
¿Dónde están nuestras armas,
La luz que pronunciaba nuestros nombres,
El oleaje enterrado,
La señales que vienen en cada amanecer?

Personaje IX

Da vergüenza escribir
Solo escribir
Dijo el exiliado
Hoy el poema
Me parece una danza idiota
Un laúd absurdo

Reunión
(México D.F. 1968)

A Marco Antonio Campos
Orlando Guillén
Juan José Oliver

Ahora escucho jazz,
Desde aquélla penumbra igual a las de Rembrandt
Los músicos hacen sonar sus armas:
El saxofón es el estallido de un caballo
Y es evidente que la trompeta
Anuncia un juicio final.
Yo hablo de lo que pasa.
Me responden, Orlando:
Me enfurecen la furia.
Juan José:
Y apagar una estrella de un salivazo.
Marco Antonio:
mañana partiré, me iré del todo
Y Alejandra, "suavísima", perfecta,
Mientras mira de un modo que nos absuelve.
El jazz avanza.
Crece.
Es algo semejante a una orden de fuego
Y mis amigos hablan:
La lucha, esta miseria.
Ahora el ritmo es hondo, reflexivo.
No exagero si afirmo:
Cada uno se apaga a su manera,
Mientras callamos en honor de la noche
Sola y amotinada en las trompetas.

Distrito Central

La vida hecha al revés.
El plato de terror.
El escarnio creciente.
La víctima elegida
Cuya sangre anunciaba la salida del sol
Ciudad y tu estatuto de pus y espanto.

(M.D.C.)

Las palabras

Las palabras, los versos de otro tiempo,
lo que fue vida escrita,
mal escrita por cierto, entre papeles.
Qué proyectos, Dios mío:
poner la luz del sol en los poemas.
Hacer que la existencia fuera una con la letra.
¿Lloras sobre tus métodos de fantasma?
¿Sientes piedad por el adolescente
Que quiso un mar alzando las palabras?
La realidad te dice que no hay tregua,
que sigas.
Miras, escribes empuñando el fuego.

Buenos días

Buenos días
Espejo que no sabes quién soy.
Papeles míos, manuscritos airados,
Textos como herramientas
Para excavar el sol
Buenos días,
Mañana con espaldas de muchacha,
Viento que meditas tu insurgencia.
Avenidas, escaparates,
Calles por las que paso,
Autobuses, boca del metro,
Como manso dragón que echa de sí
Adolescentes de oro,
Mujeres que alucinan
El curso del verano.
Buenos días hombre del kiosco
Hombre que aún lloras por Vallejo.
Buenos días edificios en construcción,
Obreros que levantan las mañanas,
Jardines exaltados,
Árbol de reposadas llamas,
Árbol vivo, dialéctico.
Buenos días fuentes,
Faunos dichosos,
Plazas que el sol desviste.
Buenos días esplendor humano.
Mañana que brillas con fe.
Luz que tomas los ojos por asalto.
Cielo donde el verano ha colgado sus armas.

(Madrid)

Escrito sobre el Amanecer
(1990)

Escrito sobre el amanecer

A mis hijos Francisco José y Livio César

"Amado mundo podrido"
"País asesinadísimo"

Cavando en las palabras.
Metido en ellas como si fueran minas,
pozos peligrosísimos,
arenas movedizas
donde espero encontrarme,
hincándoles el diente
con voluntad animal,
arrancándomelas de la boca
como algas abominables,
abriéndolas en dos.
Enterrándolas,
Reviviéndolas a golpe de poesía,
A puntapiés que doy con el corazón;
Metido en las palabras
Miro mis armas fatigadas:
El cansancio explicable
de mis instrumentos de trabajo:
un ojo encendido,
una mano reventada de mundo,
explosionada por vivir.
Mi tacto de elefante.
Esta selva sanguínea de papeles,
Las hojas que son campos de batalla.

Mirando el curso de mis días,
Hoy me he detenido a estallar,
A crecer duramente
Entre reglas de juego.
A mis espaldas ruge Madrid.
Veo su cielo invicto entre la polución
Y el veneno de los anuncios luminosos.
Está a punto de hundirse
Sobre el amanecer.
Tengo un poco de fiebre.
(Casi es nada, me digo,
con la amabilidad de un fantasma).
Y escribo:
¿Cuántos puños convergen en mi mano?
¿Cuántas voces confluyen
en mi monólogo feroz?
Quiero fundir la vida y las palabras.
Apresar sus raíces, aquí,
bajo este océano
donde no hay más que insomnio.

Escribo.
No sé si hago una autopsia
o giro en la borrasca de un gran autorretrato
o combato en un óleo de todos o de nadie.
Sueño activamente
como una piedra que se incendia de júbilo
a pleno mediodía.
En mis manos dan saltos las imágenes.
La realidad del mundo es mi realidad
pero no concibo escribir
mi profunda verdad animal,
la tempestad que arrecia aquí en mis sienes.

Escribo: montañas de palabras:
grandes bloques
que quiero desbastar.
Silencios que me esperan
en mi taller de lunas enrabiadas.
Trabajo en mi caverna civil atropellada.
Me enfantasmo. Me enguerro.
Vibra el mundo en mi mesa de trabajo.

El invierno golpea las puertas de Europa.
Oigo sus largos pasos sobre el asfalto.
El país tiembla de acontecimientos:
Huelga en el metro.
Huelga de ciegos en la Puerta del Sol
Y su pancarta que me rompe el alma:
Los ciegos españoles
No somos españoles ciegos.
Dos millones de obreros paran la construcción.
Los exiliados vuelven.
He aquí que han regresado
Pedro Rojas, Dolores,
Rafael, Juana Vásquez.
No cabe el pecho en el pecho.
La ciudad hace trizas su mortaja.
Miro las avenidas colear como cometas.
El día es un gran lienzo de Picasso.

Escribo.
Estoy solo a la orilla de estos textos.
¿Qué precipicio he de cruzar?
¿Quién soy en esta incandescencia total?
¿Quién ordena el asalto del fulgor?
¿Quién ha muerto esta noche
sobre mis páginas?
¿Cuándo colocaré la última piedra
de esta casa agitada y visceral?

Digo que la poesía
es el único documento personal que poseo.
Carezco de otro medio de identidad.
Digo que eres mi centro enllamarado.
Mi código de fuego.
Mi texto de aullidos.
Explosión queridísima donde escucho la vida.
Arma para vivir.

Digo que eres
mi atigrada columna que fluye.
Árbol de guerra. Árbol que embiste y aletea.
Sol absoluto, nuestro, que devoras los ojos
Para poder seguirte.
Largo río de fuegos,
Donde al verme contemplo y soy la multitud.
Lava donde sí corre mi verdadera imagen.
Lectura y escritura de uno mismo.
Eres el resplandor que emana
De esta hondonada.
Efulgencia invencible de las entrañas.
Domicilio de toda nuestra rabia.

Quiero escribir la vida de golpe.
Quiero que griten mis amigos muertos.
Que salgan de la tierra,
Puros, como relámpagos.
"Quiero escribir pero me sale espuma".
Así es César Vallejo,
Pero me salen los asesinados
Y más espuma
Y más asesinados
Y más país de muerte atravesado.

¿Y el lenguaje vivísimo
que no puede escribirse?
¿Y todas las palabras
que se niegan a ser solo palabras?
¿Y la canción total?
Sueño con páginas
realmente viscerales.
Sueño escribir un libro huracanado,
algo como un zarpazo.
Sueño con un canto de actos
que no me necesite
Y salga al mundo
Y viva
Igual que un gavilán de ojos metálicos.

Es tarde.
El amanecer se aproxima
como un jaguar.
Los obreros comienzan
A levantar el día.
A estas horas
La soledad acaricia mi cabeza.
Su mano es áspera,
Aunque percibo
Algo muy parecido a la piedad
Pero mi ojo es materia en combustión:
Llama,
Dardo que fluye,
Hoguera casi triste.

Queridos, detestables vecinos
De este edificio
Donde aún leo la posguerra:
Mañana seremos nuevamente
Las piezas
Que la gran máquina exige.
Mañana habrá que llegar puntuales
A los respectivos mataderos.
Que descanses Madrid,
Reposa,
Estás rendido.

Buenas noches América.
Atlántico que me unes y me separas.
Buenas noches país descuartizado.
Patria vendida en el mercado negro.
Ciudad que trituraste mis sueños
Y mis nervios.
Barrio desdibujado,
patio de Nina Lincho,
casa donde nací,
apartamentos, cuartos.
Increíbles cavernas donde he vivido.
Sepulcro de mi padre.
Ferocísimo amor que me consumes.
Estoy solo, impotente
Ante los estallidos
De mi propia memoria.
Es como si un animal salvaje
Revoloteara en mi sangre.
Como si un clavicordio
Rodara en mis entrañas.

Hasta mañana

Seres humanos.
Que descanses
Casa degenerada:
Planeta que debieras nacer de nuevo.
Hasta mañana, ciudad,
Ciudades.
Buenas noches
Amado mundo podrido.

Europa-América 1992

Columna que fluye
(1999-2000)

A Sami Kafati
En memoria

Poesía
Amor nuestro
Solo estás fatigada
Tus enemigos reales
Complacidos se miran las pezuñas
En sus espejos de oro
Pero no triunfarán
Tú darás un zarpazo de salvación
Tu luz los quemará
Como a la peor maleza

No eres un lujo
Si no más bien una necesidad
No estás vestida de oropeles
Sino cubierta de tormentas
Te pido que me dejes
Escribir en tu pecho
Estos signos de amor
Arráncanos el miedo y la fatiga
En tus aguas profundas
Poesía:
Amor
Renuévanos
Y por ningún motivo
No abandones el sitio
No acabes esta guerra

El libro se quedará en tus ojos.
El libro se te hundirá en las manos.
El libro se llama:
España, aparta de mí este cáliz.

Musa

Quien ciertamente fue tu musa,
Ahora, ¿dónde está?
Tal vez hace guisos para su "honey"
O trabaja en un banco tenebroso
O borda en soledad.
No lo sabes
No tiene sentido que lo averigües.
Aunque estuviera cerca,
Está en Troya, está lejos.
Está en extremo, lejos.

Joyas

Joyas sobre tu cuerpo
Ninguna tan hermosa
Como tu desnudez

Pintor

A Luis H. Padilla

El ojo es instrumento
Más que mirar
Conoce
Rasga
Descubre
Inventa

Muchacha

Salta el río
Es un ciervo desbordado
Cuando tu desnudez entra en sus aguas

Se enciende el mar
Entre sus muslos
de cariátide.

Estela de Copán

No descifres,
No intentes leer nada.
Mientras brilla el silencio
Contempla en las estelas
El humano esplendor
La antigua primavera
Intenta decirte algo

Madrugada

(M.D.F.)

Donde acaba la noche
Comienzan estos pájaros
Amanecer en el amanecer
Va creciendo su canto
Que será la columna jubilosa del día.

Concéntrica

Fuente dichosa
Fuente en el centro de la plaza
Plaza en el centro de este día
Día en el centro del verano.
Escuchas claramente
Todo lo que hace siglos
Querías escuchar.

Búsqueda

A Carlos Peña
En memoria

De noche
buscando entre papeles
sólo para encontrar
Huellas de sol
Fuego vivido
Fuego por vivir.

Nacimiento de Venus

Sandro Botticelli:
¿En qué momento
decidiste pintar
a esa mujer que puso de rodillas
al mar Mediterráneo?
¿Cuántos soles
bajaron a tu mano
para plasmar
A esa mujer
naciendo
no precisamente del mar
Sino de tu mismísimo pecho?

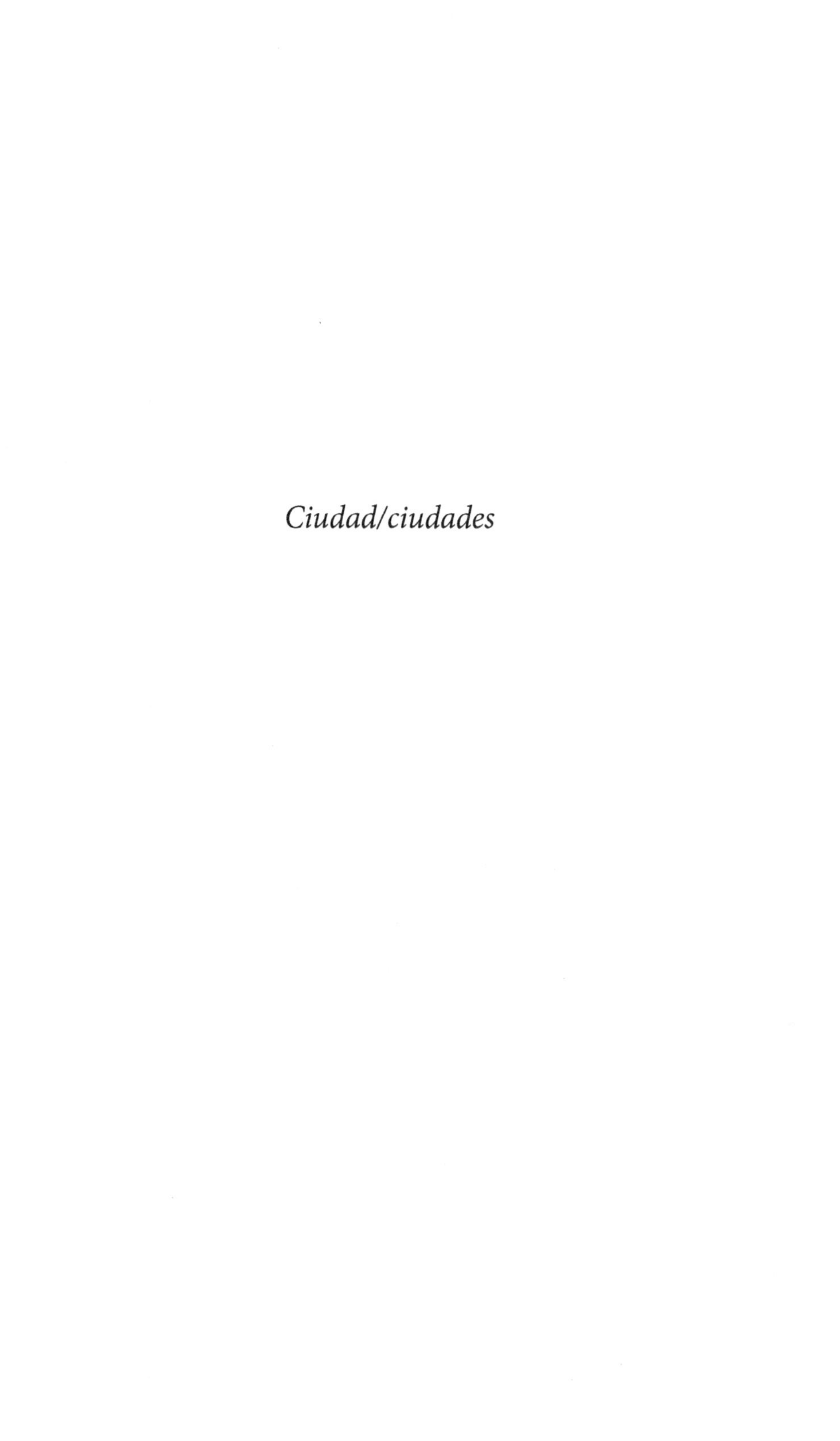

Ciudad/ciudades

Una palabra cubre la ciudad
Una palabra asciende entre las nubes
Una sola palabra opaca al sol

(M.D.F)

Ciudad Natal

Ahora tienes seis años
Tu palabra es de nube
Tu palabra es de hierba
Tocas el sol
Lo agitas
Y todo es transparencia.
Vives en la poesía sin saberlo

A Miguel Pineda
In memoriam

¿Dónde está el árbol de ovos
plantado en nuestra infancia?
No lo encuentro en mi sangre.
No danza.
No florece
Ni siquiera en su muerte.

Amsterdam

Estoy en Amsterdam
Ante un lienzo pintado por Van Gogh.
Me estremece el trigal que aún se estremece
Y esas grullas que vuelan: ¿hacia adónde?
¿hacia adónde, Van Gogh?
Me siento en Dam Square entre turistas.
Pienso en el taller de Rembrandt
Que hemos visitado esta mañana
Con un respeto casi religioso
Espléndida es la calle Beethoven
Sueñan los verdes en el Vondel Park
Pero en la casa de Anna Frank
Aún se toca el miedo.
Ahora veo el crepúsculo
Intensísimo
Como la voz de esa cantante amada
Que hemos vuelto a escuchar
En el salón de fiestas.
Salimos, avanzamos.
Fluye el verano por las avenidas.
Ahora el cielo cambia.
Se deshojan los ojos.
¡Oh, el gran ocaso de Amsterdam!
Dando paso a la noche
De intenso azul eléctrico.

Parque Central

Juro que las estatuas
Han sufrido el horror
En carne viva.
Son testigos los árboles.

M.D.C.

Ciudad:
Sobre tu verdor desgarrado
¿Qué ramo de palabras podría colocar?

M.D.C.

Personaje

Un simio hinchado de tinieblas
Hizo estos callejones
Donde la asfixia juega su ajedrez espantoso

M.D.C.

Óleo

Una acacia florece sobre el tendido eléctrico
Los pájaros revuelan sobre el alto voltaje
El día es un inmenso girasol desbordado.

Cultura “oxi-dental”

Las ánforas de Ariadna con bebida de cola
Teseo solo pide chicken tenders.
El Minotauro hace fila en un McDonald’s de Atenas.

Personaje

Ciudad, cuanto odio,
Cuanta herrumbre cayendo sobre ti
Y el río que te cruza
Es una espada muerta
En las manos de nadie.

M.D.C.

Lienzo

El mediodía es una pirámide de palabras vivientes,
Inmenso texto horizontal en vuelo.
Los ojos de los árboles,
deslumbrados,
se cierran.

M.D.F.

Invierno

Intolerable, dices.
Miramos tu ciudad
Con su carta de navegación destrozada.
Buscándose
Entre la multitud que la aplasta.

M.D.F.

Personaje

A Dolores Jiménez y Tomás Díaz

Hoy día sin rostro.
Día cerrado al sol.
Aniversario de nada.
Solo es real el invierno.
Arpa de niebla es la Ciudad de México.

A la manera de Chagall

El día toma a la ciudad de las manos.
Cierran los ojos.
Danzan.
Y son un mismo cuerpo flotando en el milagro.

A la orilla del lago Leman
En Ginebra
Miro mi larga sombra
Pero no me interesa
Han terminado de cantar los pájaros
Ahora son palabras
Entran en el poema

El día se levanta.
Es un árbol cargado de sueños.
Un jaguar escalando al sol
La ciudad está armada de verdores.
Es una mano de fulgor
abierta

En el Madrid antiguo
Dice el viejo poeta a sus amigos:
Estoy hasta aquí de soledad,
Mientras toca esa parte de su frente
Donde nunca es de noche
Y aún cruzan los relámpagos.

Ciudad Maya Copán

1. Los jaguares de piedra
Saltan
Hacia la aurora

2. Pájaros de obsidiana
Cantan
En los ramajes del invierno

3. Los jaguares de piedra
Duermen
sobre su ferocidad enterrada.

Luz de Copán
Esplendor esculpido y en movimiento.
Luz que viste y desviste.
Luz que el verano lleva sobre sus hombros.
Luz que reposa sobre sí.
Luz absorta que danza con los ojos cerrados.

Personaje

El antiguo ascensor
Del edificio
Ha detenido
Su trajín.
Reposa.
Hay sueño
Y cansancio
En sus cables.

Sube por la escalera.
Las dos de la mañana.
Ha cumplido este día
Su jornada de hombre y de fantasma.
Las paredes se apagan.
Madrid como flotando.
Hasta el ruido se duerme.

He dibujado tu figura sobre el invierno.
He cerrado los ojos para verte.
Nos separa un océano.
No preguntes porqué
Estoy hablando solo a la orilla del Sena.
Porqué el otoño llega
Casi de oro sangriento.

Libro de Sonetos

Soneto Libre

"Quiero escribir pero me sale espuma"
César Vallejo

Escribo, borro, anoto en carne viva,
sin poder evitarlo. Francamente,
La vida es invasión, la vida escribe
sobre nosotros, larga, intensamente.

César Vallejo: cierto, esto es horrendo.
Queremos escribir, César, queremos
Pero nos sale espuma. Pero nos salen muertos.
En el pulso se agolpan cementerios y plazas.

Mira todos los hechos consumados.
El mar de los sucesos desatado,
Fuera de sí, llevándose ciudades.

Mira, también el mar escribe espuma,
Dolientemente humana, negra espuma,
Como esta que me sale de las manos.

C. Vallejo

Al Maestro Américo Ferrari
In Memoriam

Apártale ese cáliz a Vallejo, España dc su amor.
Bórralo de sus ojos, que están llenos de guerra.
Está triste, arrasado; sucede que le duelen
Los días jueves, que el dolor se le mete

entre los huesos húmeros. El hombre dice
que le sale espuma cuando quiere escribir.
También ha escrito: "execrable sistema", lo han
Golpeado con palo y soga, sin motivo, por nada.

Son testigos también el hambre, el alquiler.
Su abrigo, aquél invierno, París, Georgette,
Esperándolo "con su mesita puesta" después

de caminar horas enteras porque no se tenía
el sucio, vil dinero. España, ahora. Apártale
ese cáliz a Vallejo. Solo esa muerte muera.

Reimágenes

A Luis Javier Garrido
In memoriam

Retírale ese cáliz a Vallejo. España,
tú que fuiste su amor, herido, hiriente.
Mira su voz subiendo a tu garganta,
su árbol veloz saltando en el abismo.

Venimos de Mont Rouge, con Luis Javier Garrido
y hemos llegado a Montparnasse. Están sus restos
cubiertos por la frase de Georgette, que Luis traduce:
"He nevado tanto para que tú duermas".

Vengo de España, César. Aún no acaba
el infierno, pero quiero decirte
que una mañana apareció en un muro:

"Vivan los compañeros". Pedro Rojas.
El castellano en ráfagas. Renacieron los ojos
y otra vez el cadáver llenándose de mundo.

Clementina

A Melissa Merlo

Árbol que sube al cielo del verano.
Árbol su voz y con fulgor de acacia.
Si sueña la ciudad es por la gracia
De tu canto terrestre, sobrehumano.

¿Cuántos astros descienden a tus manos
buscando amor? El verbo se ilumina
de realidad y sueño. Es Clementina
diciendo mares y escribiendo llanos.

Ahora el tiempo dice que no vives
Pero saltan tus versos porque sigues
"Creciendo con la hierba" ritualmente.

Es ya viento tu nombre sin frontera.
Arde la historia. Arde como fiera.
Clementina encendida y combatiente.

Antipoeta

Homenaje a Vicente Huidobro

Lo que será tu canto
Se mueve sobre el agua.
Sereno te ve el mar
con sus ojos de padre.

Has visto a un colibrí
Desafiando a la muerte
Y una galaxia quiere
Jugar con tus poemas.

Si eres ángel salvaje
Caído en esta selva
De preceptos y máscaras;

Que nada te detenga.
Muéstranos la otra cara del sol,
Vicente, antipoeta y mago.

Maestro Pintor

La vida es quien convoca tus colores
Y un lienzo sin edad vibra o espera.
Pinta esa desnudez de primavera
Con el pincel espeso de fulgores.

¡Qué abismado el azul de esa figura!
Los amarillos hacen lo imposible.
El blanco para el pez de la ternura.
Los amantes en rojo inextinguible.

Hay algo de galaxia en tu paleta.
El verde sube al cielo, y el violeta
Se multiplica porque ha de ser llama.

Rostro, cuerpo, al extremo concebido.
¡Qué horizonte interior nunca vencido!
Laínez, Juan Ramón. Así se llama.

Joven Poeta

Que toda la ciudad se alce en tus manos.
Avenidas y plazas en tu grito.
Torre viva la voz, texto infinito
Donde los ojos vuelan o renacen.

Puedo decir: de lumbre es este día
Y de metal también, más desbordado.
Palabras contra un aire envenenado
Cortando sus tentáculos de espanto.

Asumimos la luz, su faz humana.
Entrevemos el rostro del mañana.
Todo el amanecer en la escritura.

Amor llevado al límite de un cielo.
Árbol de verbos aunque atroz el suelo.
Salta el ramaje, el fruto es llama pura.

Ascenso

Sube por la escalera. Arrastra al mundo.
Sube por la escalera, con una decisión
de abrir a puntapié el cuerpo
de esta infamia. Sube por la escalera

Con su desconcierto, con la ciudad
Girando en su cabeza y una mujer hundida
En su sistema nervioso. Sube por la escalera
Silbando la música que ama.

Oyendo su conciencia, con la soledad
En los hombros y la poesía
Como un arma ciega de existir.

Sube por la escalera. Crujen estos peldaños.
No da un paso más. Ni un solo paso.
Gira el sol en la llave mientras abre la puerta.

Con Vallejo

A José Luis Quesada
In memoriam

Qué *pequeñez en traje de grandeza.*
Qué *día del cual tienes ya el recuerdo.*
Qué testimonio de los huesos húmeros.
Qué jueves en las redes de la muerte.

En un soneto cabe el universo
Del sufrimiento humano y se escuchan los palos
Que te daban sin haber hecho nada.
¿Cuántos siglos duró aquél aguacero?

No creo que hayas muerto aunque esté viendo
Una fotografía y otras evidencias
Y en Montparnasse haya una tumba

Con epitafio de Georgette. No creo.
Yo no sé cómo España pudo apartar el cáliz
Y seguiste escribiendo con tinta de universo.

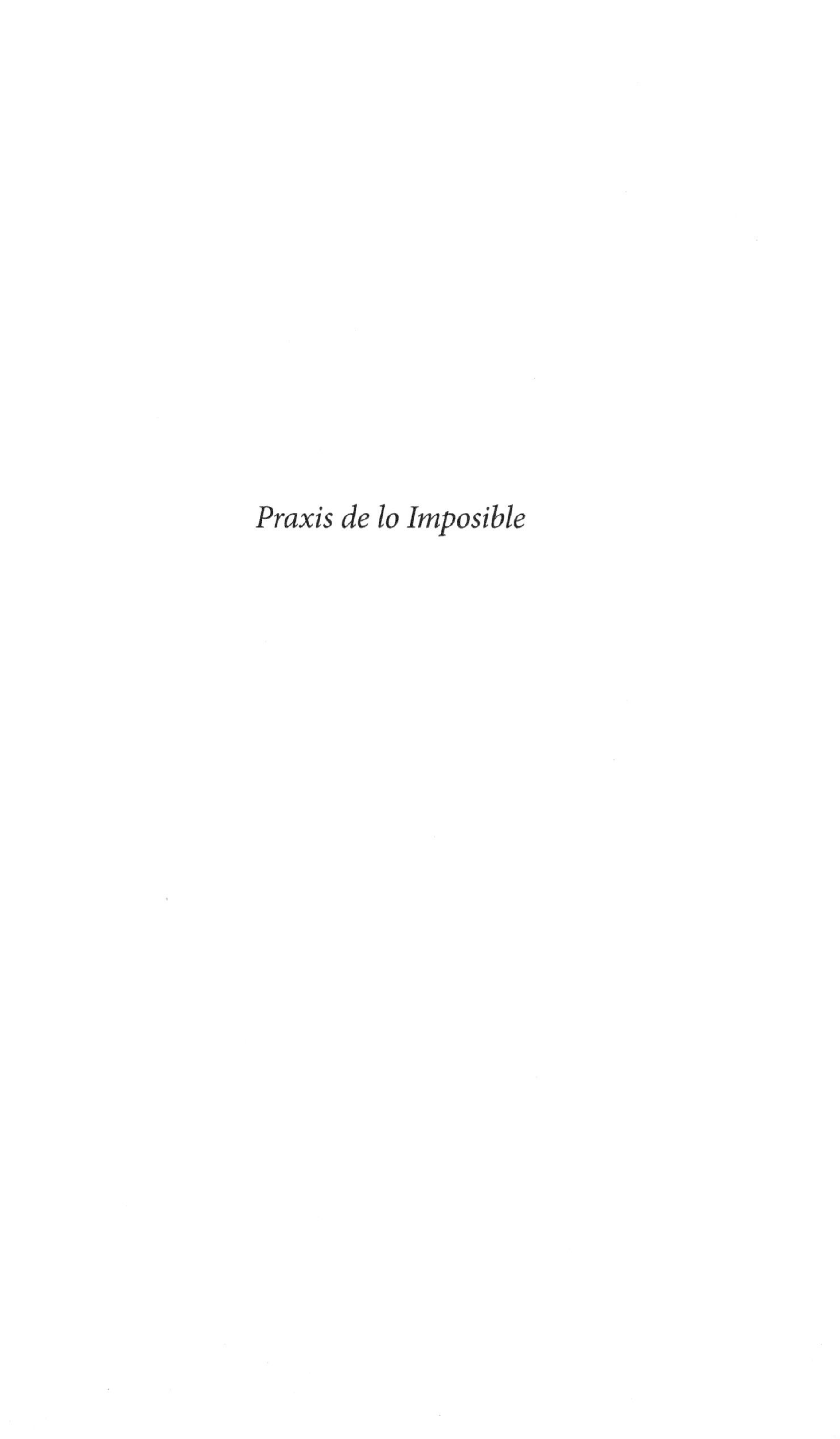

Praxis de lo Imposible

Sin título

A Juan Bañuelos.
Maestro.
In memoriam

La palabra que gira con el cosmos
La palabra que es parte de una constelación
La palabra que es una con el sol

Pintura Acrílica

A Ezequiel Padilla Ayestas
En memoria

Grita la luz, relinchan los colores
Y a punto de estallar csas figuras.
Lo que miras ya es parte de tus ojos.

Meninas

Velásquez,
dentro, afuera del lienzo.
Velásquez enseñando
otra manera de mirar.
Pintado con los ojos,
nunca con los pinceles.

El ojo que desviste a la ciudad.
El ojo desbordado del verano.
El ojo en su combate sobrehumano.
El ojo que te mira de verdad.
El ojo que es antiguo y picassiano.
Ojo-sol o planeta desolado.
Ojo del mismo amor multiplicado.
Ojo que da fulgores a tu mano.
Si un ojo hizo posible "Las Meninas",
Otro saltó furioso y fue Guernica:
Miren como el horror se multiplica.
Pregunto: ¿esas pinturas se terminan?
Velásquez nos responde: no es posible.
Son lienzos que han crecido por su cuenta.
Picasso afirma: el ojo es el que inventa.
Mano y pincel realizan lo imposible.

S.J.I.

Nadie llame a la puerta
Estoy en la galaxia Sor Juana.
Estoy tocando fondo en el deslumbramiento.

Fragmento Esea

La poesía se levanta de su abatimiento.
Abre grandes ventanas
Que dan a un fuego sosegado.
Carga sus instrumentos.
Sabe hacia adondc ir.
No acepta lejanías.
Habla en voz alta con el horizonte.

Escultura

El pie derecho
El pie nacido de su propia marcha
El pie ya superior a la distancia.

Ahora el caballo sale de sí mismo.
Ahora es flecha y arco al mismo tiempo.
Mírenlo los que puedan
Porque su movimiento es una guerra.

V.H.

Huidobro mira el sueño de los tigres. Las golondrinas beben en su tintero. Llama, baja una nube, le pone ojos, caderas, la convierte en mujer. Huidobro lee cartas de la estación. Su corbata es un cometa amaestrado. La luna a veces duerme entre sus páginas. Su ojo explora la noche con precisión de lince. Vicente sabe hablar con los volcanes, da lecciones a un río adolescente. Vive con sus palabras en medio del verano, pero nadie se engañe. Lo que canta es la cierta maravilla de ser. Canta los ojos nuevos. Celebra la creación y su danza perpetua.

Pintor

A Dagoberto Posadas

Los ojos que son parte de una enorme mirada.
Los ojos radicales,
Saltan.
Vuelan.
Contemplan.
Exploran cielo y mundo
y a la hora precisa
regresan a la cara.

El movimiento
es el amor secreto de las estatuas
Su pedestal es nube emocionada

Joven poeta

Toma nota del día
Lee bien esos signos
Escucha atento el pulso de la calles
Vibre la realidad en tu cuaderno
Mira como los sueños escalan las paredes
La dialéctica agita sobre el mundo
Su hermosa cabellera de muchacha salvaje.
Suma tu pecho al vasto, inmenso pecho.
Jura lealtad al fuego
La vida te propone el más hermoso pacto.

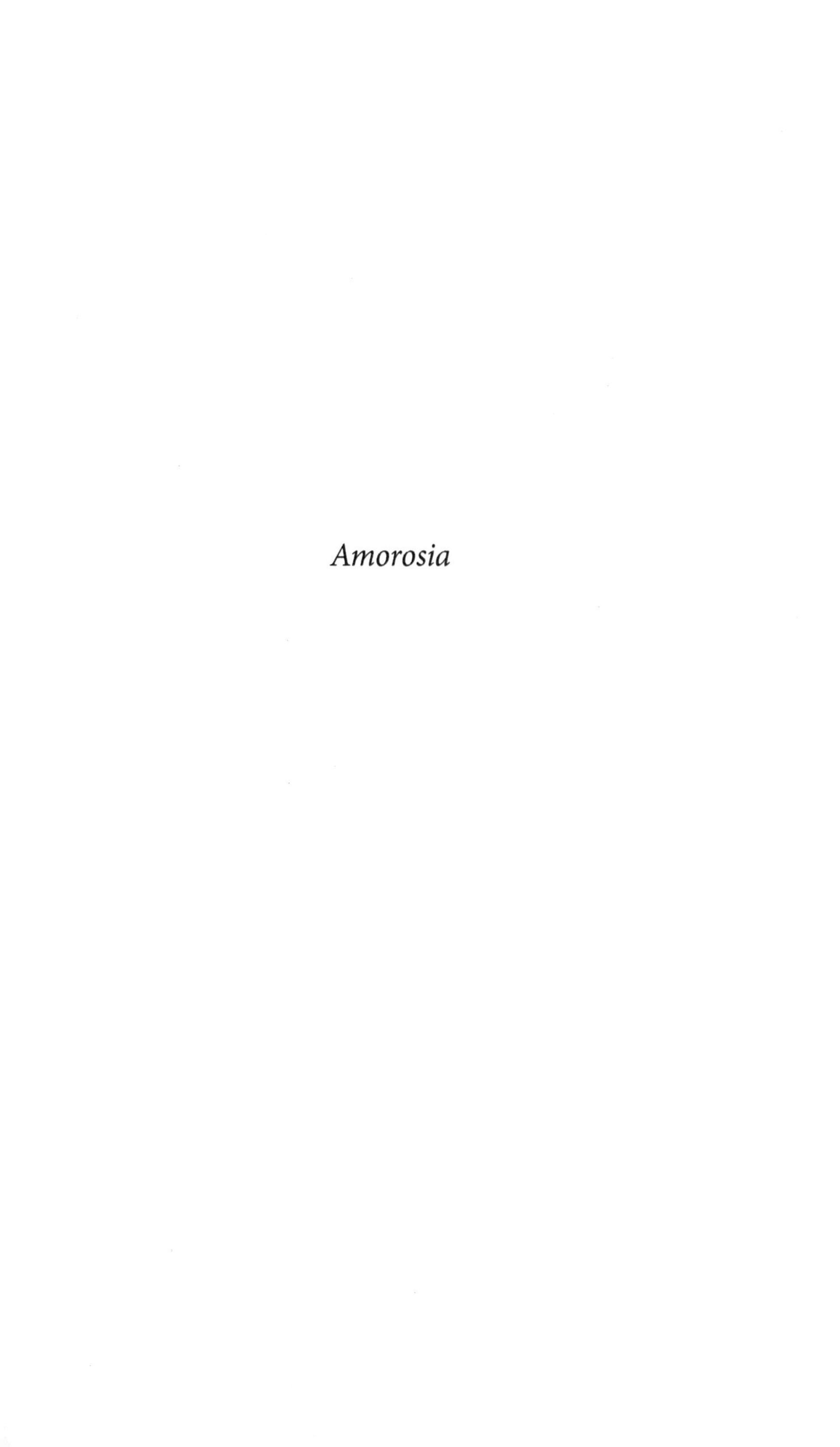

Amorosia

¿Qué miran los amantes
sino los resplandores
de su propia ceguera?

De noche, los amantes
destruyen la pirámide perversa.
El atroz maquillaje
impuesto a la ciudad.

La ciudad cubierta de polución
y los enamorados amando entre el smog.
Abrazados a la ciudad que nadie abraza,
diciéndole: no caigas amor nuestro.
Tú no puedes caer.

Los que se aman abren el día.
La vida está heridísima
pero ellos la levantan.
En estricto secreto
ha empezado la guerra:
su amor ha puesto sitio a la ciudad.

De tanto amarse no se ven
no saben dónde empiezan
dónde acaban sus cuerpos.

Pareja

Hasta el amanecer
pulen sus armas
no aceptan este caos diseñado
pintan de azul rabioso esta ciudad.

Juntos

Solo quedan las ruinas de la noche.
Despierta. Abre los ojos
para que empiece la mañana.

Lo saben casi todo
y no vacilan.
Su amor es asumido contramundo.

Contigo

para Lana Leza

Todo el verano cabe en este árbol.
Es la fascinación:
Son hojas verdes tus palabras.

Te escondes en tu misma desnudez
para que yo te encuentre
con tacto deslumbrado

Pareja

Tu boca desatada
En busca del comienzo
Soy lava en el encuentro

Juntos
dicen palabras que son nubes
juntos
cierran los ojos para ver el estío
juntos
solo ellos ven las aguas encendidas que pasan.

Luna en cuarto creciente es tu cintura
Cuando amanece
Y aún la espuma del mar brilla en el lecho

La almohada es una nube
donde dices palabras encendidas
y entre mis manos ciegas
tu cabeza
es un astro.

Ilapso

Cuando el ojo se rinde, deslumbrado.
Cuando tu desnudez fluye, infinita.

Agosto

Cielo:
Continuo azul metálico.
Yo palpo, reconozco la estación en tu cuerpo
Y entre nubes se duermen los jaguares.

Habitación

El día fatigado
va cerrando los ojos.
Todos los horizontes se duermen en tu cuerpo.

Nave encallada en pleno mediodía:
La habitación. Cuerpos enfulgurados,
contrarritos, cercanos a la llama.

Alejandra

Tú armando, desarmando la ciudad.
Tú hablando de amor en la casa del odio.
Tú dibujando ángeles en la piel del espanto.

M.D.F.

Manuscrito encontrado

Donde se abren tus ojos nace la luz.
¡Cómo siente la piedra si la miras!

El patio hipnotizado por la estación.
Tú sonríes descalza debajo del naranjo.
Eres la luz escrita en mí.
Solo en tu voz quieren vivir los pájaros.

Mapa en blanco doliente.
Mapa del solitario.
Mapa que los fantasmas hacen con perfección.

Ver, tocar ese muro de tristeza.
Llamar a una puerta, insistir, insistir
Y ya ni sus fantasmas le responden.

La estación casi inmóvil.
Los árboles, los días deshojados:
Amarillo y pureza.
Me miras honda y lúcida.
Las joyas del otoño reposan en tu cuerpo.

Thelia

Repíteme
Repíteme
Que los elefantes en realidad son ángeles
Repíteme
Repíteme
Que han caído las máscaras
De todas las ciudades
Repíteme
Repíteme
Que las aguas regresan
Empezando de nuevo.

Azul Van Gogh

Azul tigre en la selva de las nubes
Azul amaneciente
Azul quimera
Azul que sueña entre los edificios
Azul que no reposa
Azul abierto
Azul de los amantes.

Amantes

Un pez vive dichoso en nuestros nombres
Y en el ojo del sol nos contemplamos

Todo tu cuerpo es isla

En ti contemplo el mundo recién hecho
Tu desnudez dormida, es el amanecer

Enamorados

No hay días sino antílopes
No hay horas sino besos
Toda la ciudad cabe en el ojo del pez.

(M.D.F.)

Polirostro

Memoria
Nave encallada en sí misma.
Casa veloz que nos habita.
Selva que crece a costa de tus años.

En las aguas densísimas
Lento pez centellante
Da saltos la memoria

1. KereniaJazz/Club

A Randolfo Ramírez
In memoriam

La voz de Betty Carter es lluvia de sí misma.
¡Qué mágica columna de la noche!
¡Qué bosque sideral dentro del pecho!

2. Kerenia Jazz/Club

Esta música viene de un dragón extinguido
Y yo, lejos, del reino
De tus pechos.

3. **Kerenia Jazz/Club**

(Después del concierto)

Ahora la trompeta
Es casi orgánica.
Se ha quedado dormida sobre su propia música

4. **Kerenia Jazz/Club**

Baja,
Asciende este Jazz.
Preciso entre su niebla.
Exacto en el destiempo.

5. **KereniaJazz/Club**

Aretha Franklin

No sé como un delfín da saltos en tu voz
cómo hay agua madura y vuelo en tu garganta
cómo se abisma un ángel a orillas de tu música

6. **Kerenia Jazz/Club**

El concierto ha entrado a su recta final
Y alzado entre la noche
El jazz es como un potro trotando sobre un astro.

7. Kerenia Jazz/Club

Este jazz
Abre todas las puertas de la noche.
¡Nos enseña a mirar el universo!

8. Personaje

El poema ya vivido.
Su fulgor aún le ciega
¿Cómo habrá de escribirlo?

9. Kerenia Jazz/Club

Monólogo

Es este jazz
Que en soledad navega
Escritura dc nicbla cntrc la nicbla

10. Kerenia Jazz Club

Querida Billie Holliday:
Miro tu voz poblada de relámpagos
Digo que es la agilísima escultura de un pájaro
Que se inventa a sí mismo.
¡Cómo vence al invierno!
¡Cómo expande su cuerpo de imposible centella!

Lluvia, dijo el poeta japonés:
Entra en mi ser.
Enséñame tu danza.

Monólogo del poeta oriental

Tanta desolación
Solo pudo caber
En un haiku

Amorosos

Solos,
acarician los restos del otoño,
La luna detenida
Sobre el insomnio en sepia
De la ciudad.

Pintora

A Leonora Carrington

Viento maduro, mar en tu mirada.
Oleaje en los pinceles
Y el lienzo es el verano

Un pecho como el mar
Cuando está reposado
Piel donde la primavera reluce
Edad de selva pura
Mirada del origen
Rostro dichoso
Rostro desprendido del sol

Es tarde.
Su hoja de papel:
Un firmamento.
Ariscas como nunca
Escapan las palabras.
En medio de la noche,
Lo único que flota
Es su mano encendida.

Cabeza de Sol

I. Palabras para Juan Ramón Molina

"pero un poeta permaneciendo a mi memoria fiel,
recordará mis versos"
(JRM)

Así es, alguien fiel a tu joven y explosiva memoria, recuerda tus poemas escritos con la mano reventada de espanto. Alguien toca a la puerta de tu casa donde la primavera se desnuda entre espejos y tus palabras rompen las paredes, y la poesía es un arma caliente, un revólver cargado de invierno.

Tus ojos contienen todo el dolor del hombre pero también son tigres, listos para saltar.

Tu domicilio es el movimiento del mar, los que quieran buscarte deben ir directamente al lugar del escarnio.

Y bien, pongámonos de acuerdo. Hablar de ti es hablar de nosotros. Hacer tu biografía equivale a mirarse las entrañas.

Pongámonos de acuerdo: Tu orgullo, tus excesos, tu altivez mitológica, eran solo una forma de no morir, una manera de ahuyentar los buitres.

Pongámonos de acuerdo. Esta vez te has quedado solo, con tus 33 años ofendidos al extremo. La poesía besa tu frente ensangrentada, te dice las palabras más hondas, más serenas, pero tú no la miras, pero tú no la escuchas porque no puedes; te han golpeado hasta el fondo, te han escupido el alma. Y entonces sin hacer ruido, solo, caes sobre un planeta de sufrimientos.

Los buitres tienen fiesta.

II. Cabeza de Sol

"aquél cuya gentil cabeza era de sol"
(JRM 1875-1908)

Ésta es la cabeza donde los astros iban y venían
la cabeza donde conviven la nieve con el rayo
la pólvora y la luna
Esta es la cabeza donde la vida entra y sale
Como si fuera el único huésped
La cabeza mira el tiempo amputado
Mira como los días no se mueven
Como sufre la vida con camisas de fuerza
Esta es la cabeza cercenada
que inexplicablemente sonríe y se sostiene
La cabeza donde relincha el tiempo
donde se mueve una galaxia como lo haría una
mujer
Cabeza atrincherada
ante las hachas que la circundan
Esta es la cabeza cubierta de soledad
los ojos son ciervos
la mirada es más penetrante que una flecha del sol

Ésta es la cabeza enneblinada
cubierta por las hojas que extendió la tristeza
Ésta es la cabeza que sueña duramente
Mírenla
Porque ella nos contempla
"desde un pozo de horror"
allí la tienen los gendarmes
está hecha de un material que estalla al primer roce
con la infamia.
Esta es la cabeza de un minotauro real
de un buzo desolado
que ha perdido su escafandra
en increíbles tempestades
La cabeza se entorbellina
En la cresta del torbellino
La cabeza maldice
Se desprende de la estatua
Con la que han pretendido inmovilizarla.

La cabeza siente como la lluvia la cubre con piedad
La cabeza llora por el país
su “pegaso” que era su dignidad
se ha roto los cascos en estos callejones municipales
La cabeza conoce milimétricamente este infierno
rodeado por dos mares
La cabeza de mármol que no es mármol
llora de impotencia
La cabeza contempla con horror
las coronas que traen el ministro del asco
el perro que declama
la serpiente políglota
leen discursos
posan para la prensa
qué increíble muchacho
solo 33 años
comentan

La cabeza se llena totalmente de rabia
mírenla
mírenla
Sus ojos dicen
Vénguenme
De sus labios caen
sentencias
Voces para seguir viviendo
Canciones donde el día despeja las señales
Mírenla
El sol de Centroamérica
comienza a iluminarla como nunca
Y este verano
que lo ha visto todo
también se ha enfurecido
y se ha puesto de pie
y sus fuegos destruyen los laureles
arrasan las ofrendas
y hacen con la cabeza una alianza perpetua

Estatua de Molina

¿Porqué este bronce
a veces tiembla
o sangra?
¿Porqué sus ojos
amanecen fijos
sobre un furioso mar que ya no existe?

Molina: aniversario del poeta

Puntuales, solemnísimos,
con trajes de ocasión,
posan ante su tumba
los implacables enemigos de la poesía.

J.R. Molina

Molina:
Escribir entre las patas de los caballos
que lanzan contra vos
Escribir sobre los despreciables
papeles de cobranza.
Escribir cuando el horror corroe
Las puertas de tu casa.
Escribir
cuando "eso no vale nada",
"no sirve para nada",
como dicen tus, nuestros enemigos.
Escribir
Y no soltar la mano
ni la pluma clavada
En el centro del odio.

Poeta Adolescente

Poeta Adolescente

I. Se escribe un poema
porque salta en la mano
y no hay quien lo detenga.
Fluye desde sí mismo,
Se despeña en la hoja de papel,
Se lleva al mundo
Y hay que escribirlo a fuerza,
A como sea.

Porque un poema puede brillar
Más que los astros.
Decapitar un iceberg.
Transformar para siempre
Los ojos que lo leen.
De esto tenemos pruebas suficientes.

Ante un retrato de Ezra Pound

Querido viejo Pound:
¿Qué hay detrás de esta guerra
sin forma y solitaria?
¿De dónde surge
ésta costumbre de escribir poemas?
¿Quién inventó este juego
que a veces es sangriento?

¡Oh adolescencia:
espada contra el mundo!
Los días como saltos de jaguar.
El milagro, la magia, la primera mujer.
Los besos en la oscuridad del cine.
La imagen que no debió terminar. Jamás.

Hay un fantasma
Que pretende dinamitar
El cielo podrido de esta ciudad
Y planea la vida mientras viaja en el metro
Y avanza decidido entre el smog y el vértigo

¿Qué hace un ángel entre la burocracia?
¿Qué hace un ángel entre oleajes perversos
que se renuevan puntualmente
como la piel de las serpientes?

La peste negra de la burocracia.
La miseria detrás de las corbatas.
Escritorios donde te pudres.
Archivos que contienen la estupidez ordenada. La gente con su número colgando.
Pestilencia blanqueada.
Estoy harto. Estoy harto.

Me arranco esta ceguera
Me subo en las palabras
Para mirar al mundo

Poeta adolescente

A José Luis Quesada,
In memoriam.

Sólo dieciséis años
Y ya está escrito su primer poema
Y ha fustigado
El rostro de la ciudad
Y llora en el regazo de "la estatua".

Madrugada

Sol:
acelera la marcha.
Ven,
Fustiga
Y escupe
Sobre los edificios.
Destruye esta paz negra
De res sacrificada
Levanta las baldosas
Donde la vida yace.

M.D.C.

Ciudad:
No acepto esta sordidez gigantesca.
Rechazo tus ruinas abominables.

Poeta

Para Alejandro Cendejas

Sea una plaza de armas
Sea un cielo encendido
Tu hoja de papel.

No tires por la borda
la fiereza fluyente
de tus sueños.
No aceptes este tiempo
Diseñado por víboras.
Ama la luz, sus ojos en batalla.
Mira el día que nace con las alas abiertas.
Deja que en tu poesía se haga el amanecer.

Hemos cerrado el mundo
Y estás desnudecida
Enrábiame de ti.

Y el amor, ese cauce
donde vamos hacia nosotros mismos,
desbordados.

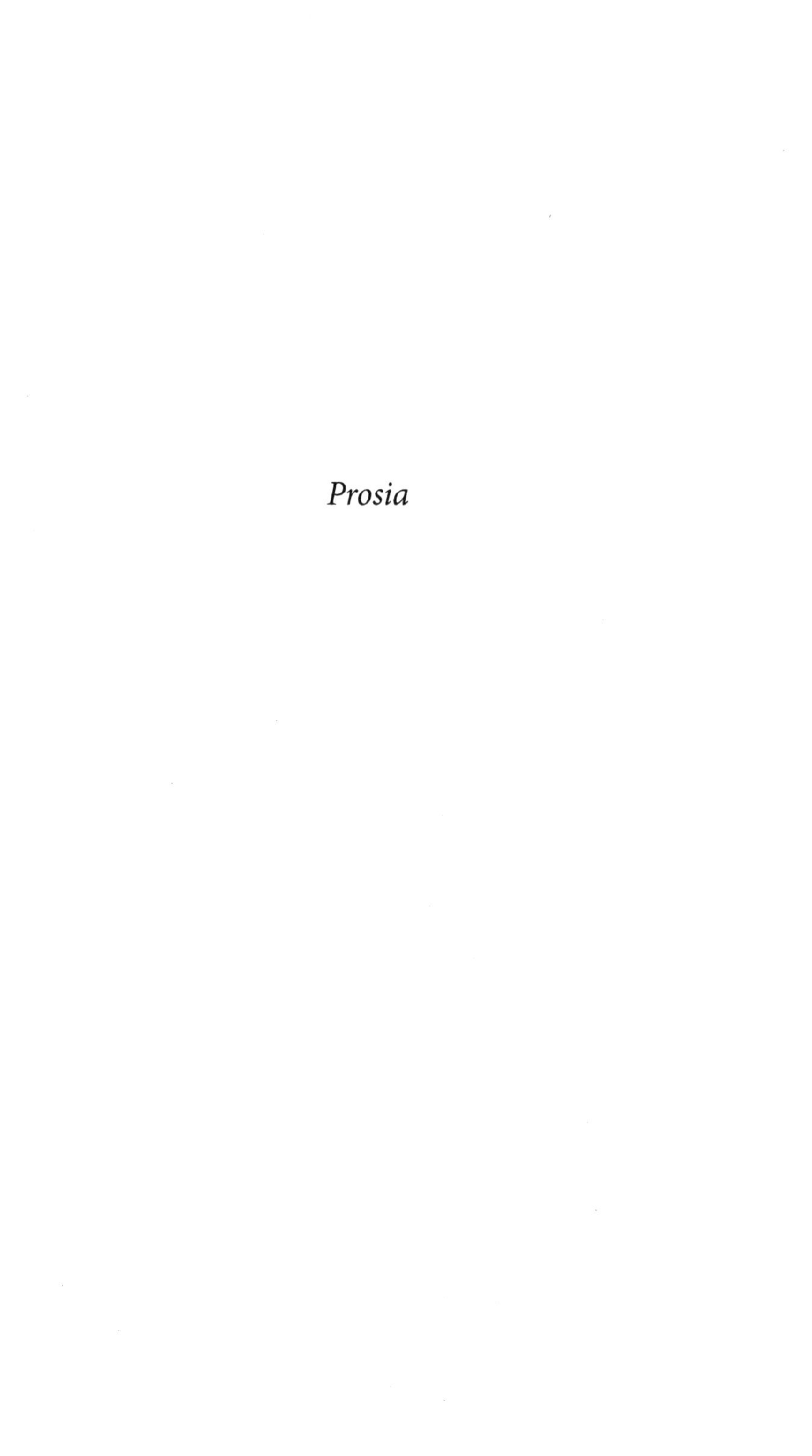

Prosia

J.S. Bach

Si un órgano suena como el otoño, detente, quédate a la orilla de ese milagro. Que tu silencio sea como un mar apagado. Déjate llevar por esa música como si fuera la mano de tu padre. Mira como las aguas pasan, iluminadas.

Joven Poeta

A Gustavo Campos
In memoriam.

No hay poemas de cierre. No hay fin de la lectura. Contempla lo inescrito. Deja crecer tus ojos en el blancor ilímite de la última página.

Poeta

Para Martha y Omar González
In memoriam

Desértica su mesa. Ni sombra de palabras sobre el veloz abismo del papel, pero él hunde sus ojos. Rebatalla. Y puede ver poemas, aún sin cuerpo.

Unas olas de mar se han dormido en el mueble. Lo que escribió se ha vuelto espuma yerta. No abandona sus armas. Ha de seguir en esto. Lo que esta noche quiere es descolgar un astro y abrirlo, allí en el centro de su mesa convulsa.

Óleo

Un caballo de espuma durísima cabalga en el horizonte de Málaga anunciando el verano. Puedo mirar su crin relampagueante. El fuego de sus cascos. La ciudad recupera su agilidad de antílope. La luz es danza abierta sobre el Mediterráneo.

Manuscrito encontrado

Planta una nube. Baja hasta esa luna. Escribe sobre oleajes. Ama la velocidad de los árboles. Entiende la impaciencia de las estatuas. Mírate en los relámpagos. Juega con las estaciones como si fueran una baraja. Ese astro es un balón para que tú lo lances. Deja que las golondrinas vuelen en tu razón. Los pechos de las "diosas" son buenos sitios para tu cabeza. Si tu mitología no es real, tírala: moneda falsa. Como probablemente pasarás más de "Una temporada en el infierno"; no repitas el célebre camino. No injuries una noche a la belleza. No la sientes jamás sobre tus piernas, que el aullido de Rimbaud no acaba.

Todos los días pon tu palabra ante el fuego. La poesía semeja un sistema solar. No se equivoca nunca. Oye sus movimientos. Mira como su cuerpo va con el universo.

Agobiado, salgo de los museos. Cambio todo lo visto por esta luz de junio. Las mujeres de Rubens y Sandro Boticelli pasan ante mis ojos. No puedo equivocarme. Las reconozco en esta plaza de Berna. Ellas también dejaron los museos, salieron de sus lienzos. Ahora van de prisa, deslumbradas, caminan hacia el fondo del verano.

Kerenia Jazz/Club

La cantante aparece. El escenario es la noche. El jazz vive en su voz. Toma el micrófono ritualmente y es que va a dirigir una ceremonia. En esta espléndida penumbra, nos convertirá en personajes de Rembrandt. Transformará su voz en un puente delicadísimo. Nos pondrá algo de mar en la mirada. Encantará dragones que pasan sobre el pecho. Para eso lo único que necesita es la complicidad fantasmal de los músicos, pedirle a la orquesta que suene como lo hacen las bestias melancólicas. Ella también se inventará durante el espectáculo. Cuántos astros errantes, cuántas constelaciones miraremos pasar en la voz imposible de la cantante negra.

Comandante

"Día negro para mí", escribió en su diario de campaña. Puso también: "cumpleaños de Ernestico" y luego un punto, casi igual al mundo.

Sobre la ciudad. Entre los edificios. Horadando smog. Más alto que la torre del mediodía. Más alto que sí mismo: el grito del poeta.

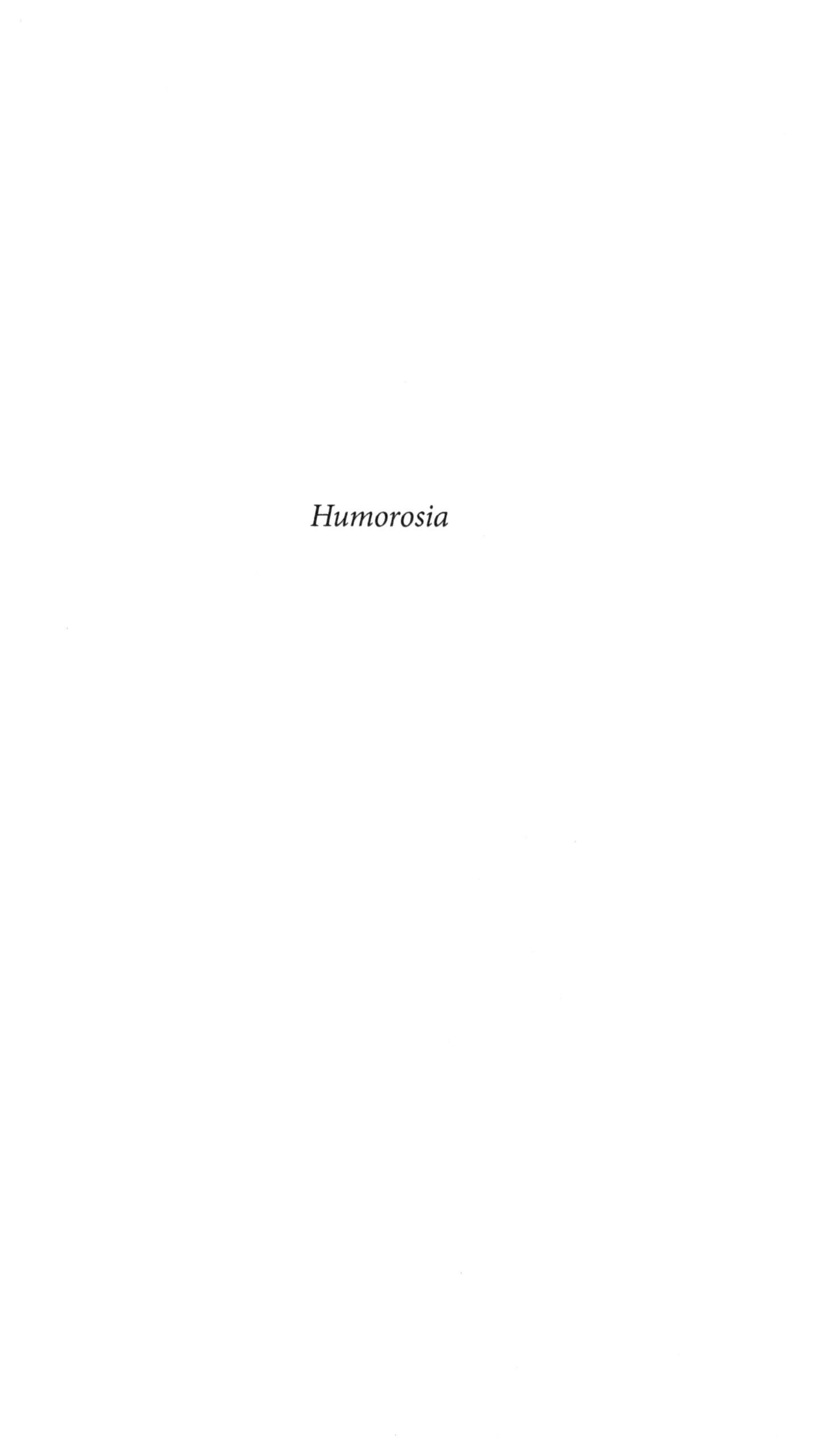

Humorosia

Lección

No colgó ninguna lira
No se retiró de la poesía
Al contrario
La poesía lo retiró a tiempo
Pero como era necio
Insistió hasta el punto
Que fue la propia lira
Quien decidió colgarlo
Un día que sus cuerdas
Perdieron la paciencia

Visto que la poesía
"no es comida para trompudos"
Los aludidos deben
Abandonar la mesa
Salir discretamente
Y hacer para su bien
Borrón y cuenta nueva

Conclusión

La escritura por la escritura
Igual a la idiotura.

Metamorfosis

La musa
La musaraña
La mus-araña
Lamús
La araña

Buenos deseos para un poeta.

Que sueñes con la Venus de Milo
Con sus brazos completos
Y en tanga, negra

El país
Y el payi$
Menuda diferencia.

No es un hombre de estado
Más bien,
Un estadópata

Becqueriana

"¿Y tú me lo preguntas?"
La siniestra eres tú

Nerudiana

"Me gustas cuando callas"
Porque a veces cuando hablas
Eres insoportable

Lorquiana

"Me porté como quien soy"
Como un kafkiano legítimo

Joven Poeta Español

Además de hiper-musa
Es hiper-moza
Demasiado
Se rinde.

Humor Mexicano

No es gran cosa como poeta
¡Pero viera la hermana que tiene!

Opinión

Hay que quererlo mucho
Para escribirle un prólogo.

El general era acéfalo
¡Pero como tenía libros de cabecera!

La madrina era fascista
Y el padrino rematado
¡Como sería el ahijado!

Era tan derechista
Que solo conducía autos ingleses.

Humor Mexicano

Era marxista
Porque nació en el mes de marzo...

Humor Negro

"Día a día, año tras año,
Honduras está creciendo
Y nosotros también"...

Departamento de Relaciones Públicas
De la Standard Fruit Company

Personaje

Grande su biblioteca
¡Pero no tanto como su egoteca!

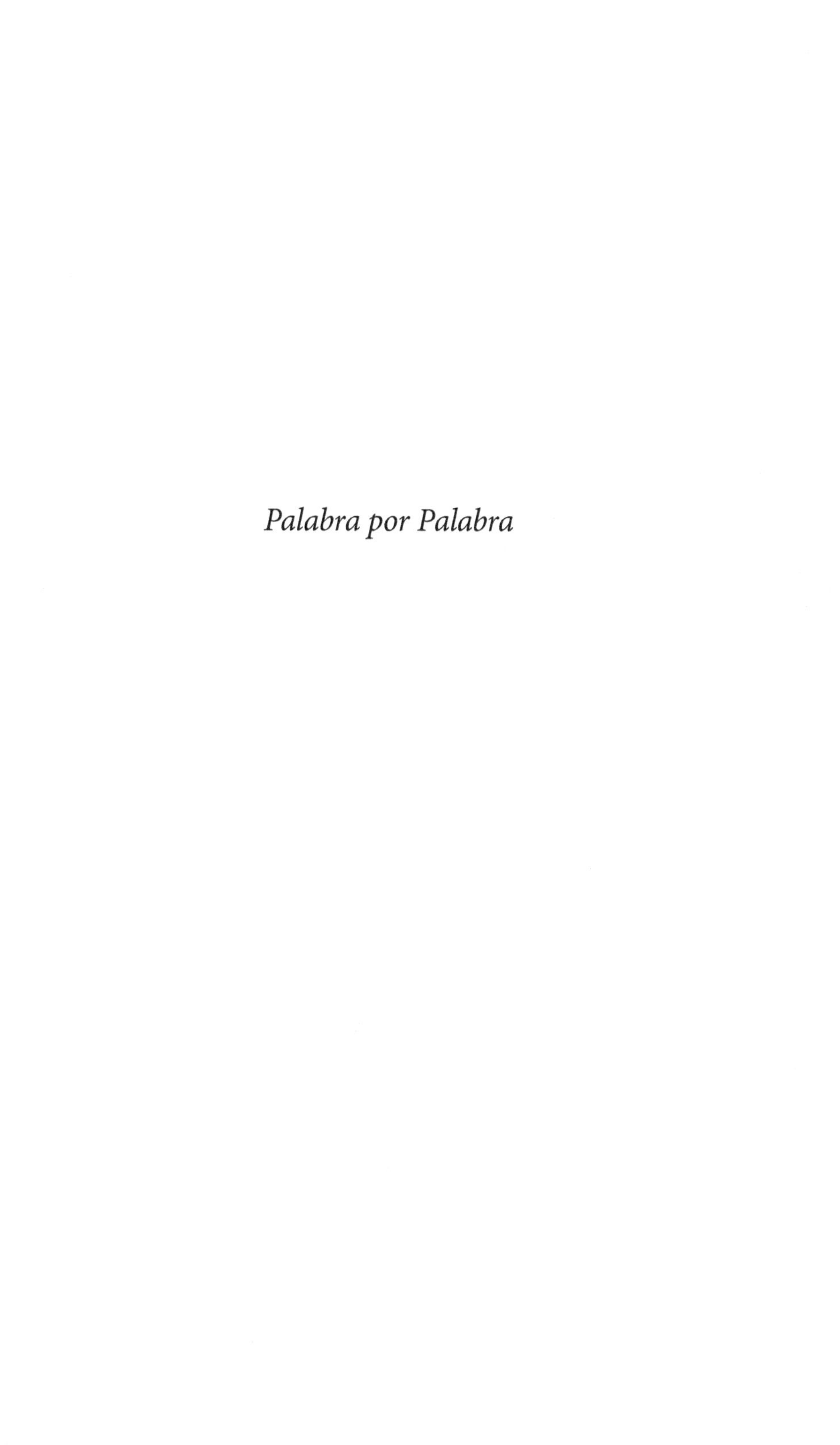

Palabra por Palabra

Generación

I. Nuestra segunda sangre
Ha sido la escritura.
En términos humanos
Ella es el universo.

II. La poesía es veloz arquitectura.
Arquitectura en vuelo
Y reposada.
Arquitectura que al crecer, se abisma.

III. (fragmento)

Un amor por el mundo nos entorbellinaba.
Teníamos fieras y ángeles suplicantes en la mirada.
Amábamos no una: varias *Piedras de Sol*
Queríamos romper el castellano.
Para hacerlo de nuevo
La poesía era el arco para lanzar el sol.

M.D.F.

País convulso

Este asunto
No es solo de palabras.
Maldito quien se quede
Metido en los poemas.

País convulso

Por hoy
Solo por hoy
Digo que es casi un crimen
Una inmensa traición
El hecho de hablar solo.

Certeza

Arde y desarde
La poesía.
Y no precisamente en los poemas.
Escribamos o no,
Ella se mueve,
Avanza sobre el día,
Como animal espléndido.

A veces la poesía parece un animal
Que se sacude violentamente las palabras

Cumplido cierto tiempo,
El verbo pide cuentas.
Revisa tu alegato.
Prepara los papeles.
Ojalá estén marcados
Por los sueños y el fuego.

Personaje de invierno

Todos los edificios
Amanecieron tristes
Nadie puede explicarlo,
Solo Madrid lo sabe.
Lo sabe exactamente.

En un lugar de Atenas
La muchacha era una espiga de fulgor.
Cariátide sanguínea.
¡Pura belleza en ráfagas!

Le pedí al Mar Egeo que me diera palabras.

Por ti grabo palabras en la luz. Las miro,
Las desmiro.
Se las entrego a un árbol
Para que las pronuncie.

No se escribe esta noche
El mar está cubierto de palabras
incandescentes.

A beber luz entre sus manos
Bajan
Los desolados unicornios

Medianoche
Ni una palabra más.
Ha caído el poema.
Las palabras se doblan
Sobre su propio peso.

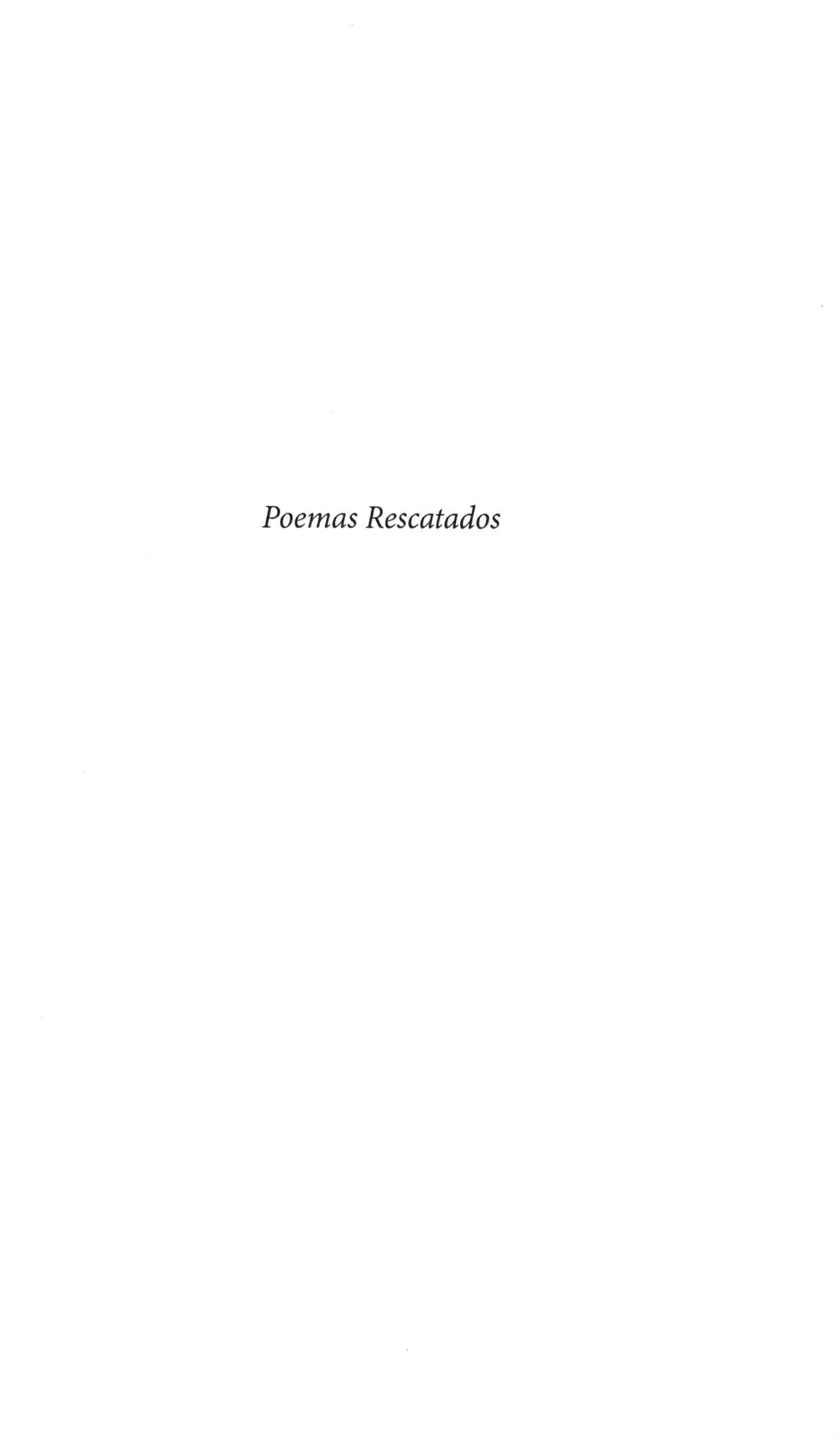

Poemas Rescatados

Primavera en mi país

A Jeannette Kawas
ambientalista, mártir.
In memoriam

No importa lo que pase
Los árboles florecen
En medio del ultraje.

Contrapaisaje

En memoria
de Karla María Rivera Tejada
Joven heroína

Un árbol
Solo un árbol
Que se enverdece
Y canta
Aquí
En este sitio
Donde no quedan árboles

Patio

Solo un niño miraba
Las feroces batallas
Del árbol solitario

Lugar de infancia

Y son los mismos árboles.
La misma, antigua sombra:
Solo te ve pasar.
Detente a ver los pájaros de viviente obsidiana.
Escucha como cantan lo que tú has olvidado.

Petición

A Dagoberto Posadas
y Roger Rovelo

Pinten los payasos pobres
En su carpa raída
Llorando en silencio
La muerte de su único tucán.
Y si es posible,
Pinten
La estremecida infancia.

Amorosos

Entre signos brutales
ellos sueñan.
Donde dice prohibido
Plantan árboles llenos de música amarilla
Donde dice no pase,
Ellos sueltan manadas de nubes encendidas.

Primavera en el país

El pino calcinado
Reventando su muerte
De golpe reverdece.

Apunte Urbano

En la acera gastada
Contra su cerco de metal
¡Cómo aletea el limonero!

Ojo de la sequía.
Pupila en sepia yerta.
Ni el fantasma del árbol sobrevive.

¿Entonces
Esa máquina triste
Que repite la imagen
De lo que ya no somos
Es lo que llaman memoria?

Esta noche no hay tigres en el cielo,
Sino una luna joven,
Desbordada.
Casi al alcance de tu mano.

El cielo es una selva serenísima
Los astros son antílopes
Y el árbol solitario alzado en su esplendor

La luna se ha trenzado con el árbol
Amanecer que llega
No pueden separarse

Memoria

El pez inventa el agua.
El pie cuenta sus pasos.
Mira el ojo su enjambre de sueños y relámpagos.

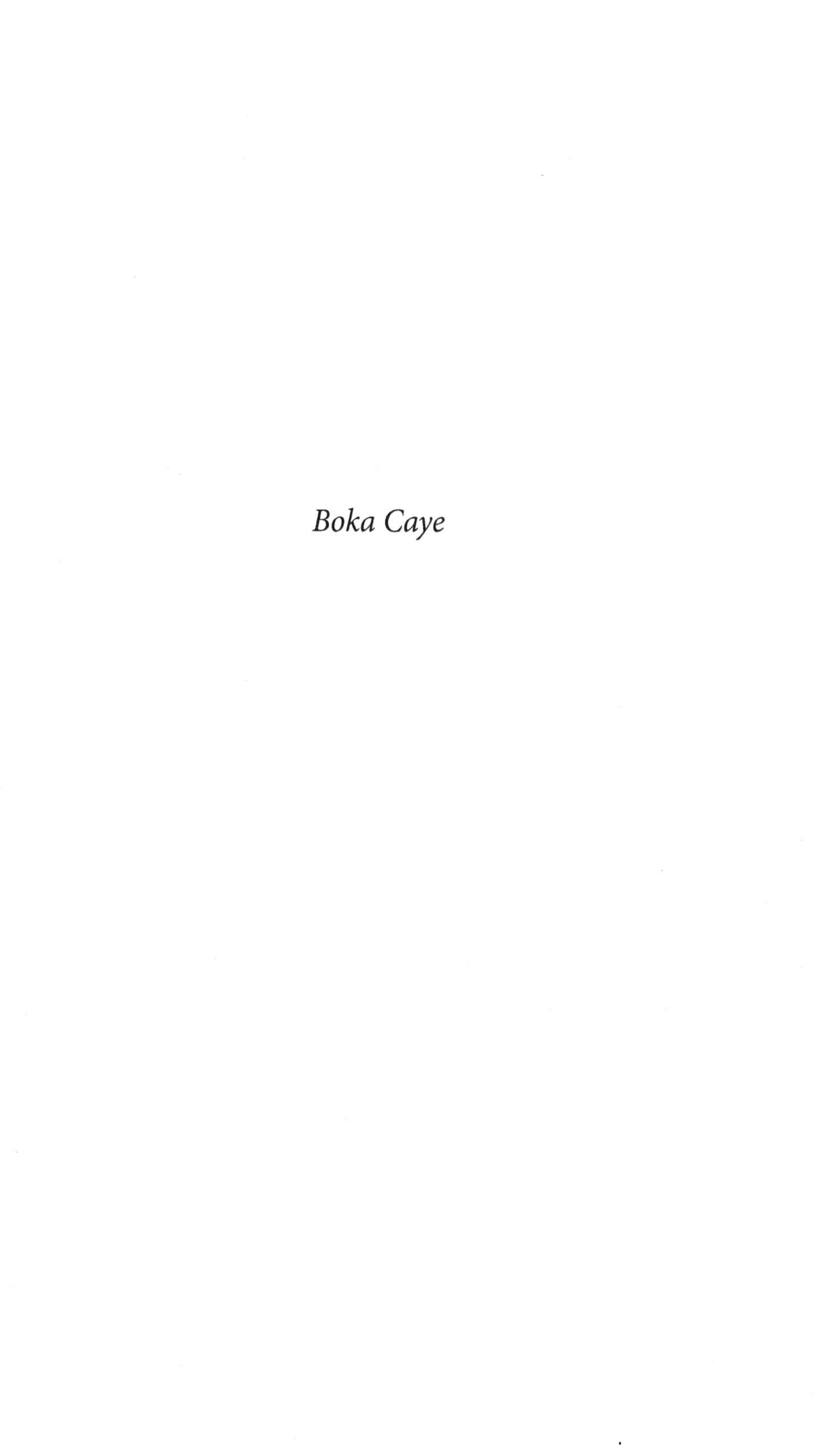

Boka Caye

Estatua del Héroe

La poesía creciendo en los ojos del héroe.
La poesía borrando el abandono
que crece sobre el bronce.
La poesía
Despertando los cascos del caballo guerrero
para que ardan de nuevo
y otra vez nuestro padre
salte sobre septiembre
¡desatando la aurora!

Y usted
Arte poética
Ya no lo piense tanto
Decídase
A las calles
No sea que la obliguen
A tragar sus palabras.

Se rompen de la risa
Hasta la madrugada:
Seres venenosísimos
Súbditos del infierno,
Fieles a sus cadáveres.
Dueños de esta ciudad.

M.D.C.

Los poderes

Perro de la ignominia
Electo por el diablo.
Legislan las serpientes.
Las sentencias se escriben con pus o lo que sea.

(de 2009)

"Paraíso Insular"

10 kilómetros de arrecife de coral
Destruidos
Para construir un solo atracadero

Junio de 2009

Hoy la ciudad rebasa
La muerte decretada.
Salta sobre su cadáver.
La fosa que asignaron
Ahora es un volcán.

(de 2010)

Tumba del Déspota

Pasado cierto tiempo
La hierba se estremece.
Se resquebraja el mármol.
Lo vomita la tierra.

Al Héroe

No te toca la muerte. Si lo intenta
La luz contra-dispara y se organiza.
Nadie apaga tu imagen que iconiza
La libertad cubierta de tormenta.

Patria doliente: Morazán te inventa.
Te construye, te sueña día tras día.
General de los libres, se diría.
Que octubre tres en alto amor revienta
.
Fluyente Morazán. Profeta armado.
Camina ahora, avanza hasta la plaza:
La multitud es mar enllamarado.

El cielo se desprende al escucharte
Tu presencia ya todo lo ilumina.
El mar empuña, y alza el estandarte.

Teosía

Qué espanto en tus ojos agrietados.
Estatua castigada por la rabia del cielo.
Mujer de Lot
Con la mirada fija en los escombros.
¿Qué fuerza irresistible
hizo girar tu cabeza
hacia donde los ángeles cumplían la sentencia?

Creyente

Un salmo enciende sus pasos.
Un salmo crece sobre la ciudad.
La cubre plenamente,
lo mismo que un escudo.

Oración

A Monseñor Oscar Arnulfo Romero
En memoria

Señor:
Sigue creciendo la Torre de Babel.
El tiempo está manchado de infamia
Y son millones los crucificados.
Señor:
Qué anti evangelio.
Cómo niegan tu amor que se reparte
Segundo tras segundo.
El pan nuestro de cada día, tú sí lo das
Pero ellos lo arrebatan,
Se burlan de tus ángeles que sobreviven
Y hasta el recién nacido
Ya tiene su corona de espinas
Pero Señor:
¡Tú eres la resurrección!

Apunte Urbano

Esto que escucho ahora
Es la poesía dando un grito de sol
Porque esta oscuridad no es de Dios,
No es de Dios.

Apunte

Esta es la economía
Con forma y movimientos de serpiente.
Las nuevas torres de babel
Crecen
Odiando al cielo.

Réquiem por la rosa

A Clara Isabel Mejía Rodezno
En memoria

Del fondo de la tierra Silenciosa,
venía.
Era pura ascensión.
Movimiento hacia Dios.
¿Cómo pudo la muerte
romperle su pequeño ballet
de ojos cerrados?

Epitafio

Louis Armstrong
Satchmo.
Ahora
Solo "toca" su trompeta
Cuando lo solicita su Señor.

Pido
que las palabras
Salgan de este libro
Escrito con los ojos.
Pido que solamente quede
El blanco del origen.
Pido que sea talada
Esta selva de números
Que oscuramente crece sobre nuestras cabezas.
Quiero todo el silencio. Toda la transparencia
Para mirar el tiempo tigre, los días elefantes
Y nunca, nunca más,
Cerrar los ojos ante el Espíritu del Señor
Moviéndose
Sobre la superficie de las aguas.

En el verano de Nueva York
Un ángel llega al Central Park.
Avanza entre la gente
Mira el verdor.
Nadie repara en él
Nadie lo mira,
Excepto el lago, casi estremecido,
Ante la intensidad de su mirada.

Y Dios
el más grande
el perfecto
el incesante poeta.

INYAMA es un corpus antológico de 17 libros. Algunos textos de "Personajes y otros poemas" y "Columna que fluye" han sido reubicados en su lugar original. "Escrito sobre el amanecer" es el único libro que se publica íntegramente. Vale

ÍNDICE

Descendientes del Fuego

1987

Premio Internacional de Poesía "Platero" Ginebra, Suiza

PRIMERA PARTE

SEGUNDA PARTE

TERCERA PARTE

Personajes y otros poemas

1990

Escrito sobre el Amanecer

1990

Columna que fluye

1999-2000

Ciudad/ciudades

Libro de Sonetos

Praxis de lo Imposible

Amorosia

Polirostro

Cabeza de Sol

Poeta Adolescente

Prosia

Humorosia

Palabra por Palabra

Poemas Rescatados

Boka Caye

Teosía

Fotografía de APLRO

Livio Ramírez Lozano (Olanchito, Honduras, 1943)

Poeta, ensayista, catedrático e investigador universitario. Es autor de los libros de poesía *Sangre y Estrella*, *Yo, Nosotros*, *Arde Como Fiera*, *Descendientes del Fuego*, *Personajes y otros Poemas*, *Escrito sobre el Amanecer*, *Columna que Fluye*, y *Obra Reunida*. Ha escrito una vasta obra inédita de la que son parte algunos textos que se incluyen en esta edición. Fue miembro del Taller de Poesía de la UNAM dirigido por Juan Bañuelos en 1969 en México D.F.. Integró el Movimiento "Punto de Partida" junto a destacados escritores mexicanos. Durante su permanencia en México, saludó en nombre de los estudiantes a los poetas Pablo Neruda y Nicolás Guillén en actos organizados por la UNAM en los que participaron los maestros Juan José Arreola y Wenceslao Roces representando a la histórica institución. En 1971 fundó el primer taller universitario de poesía en Honduras y en la década del 90 dirigió con el poeta Efraín López Nieto, y el maestro pintor Juan Ramón Laínez, el equipo que elaboró la *Antología Nacional de Poesía*, publicada en cuatro tomos, por el Ministerio de Cultura. Ramírez Lozano es antólogo y estudioso del pensamiento de José Cecilio del Valle y Francisco Morazán. Ex encargado de negocios de la Embajada de Honduras ante las Naciones Unidas en Ginebra. Realizó en Europa estudios doctorales en Derecho y post grados en Sociología Política y Altos Estudios Internacionales. Su trabajo ha sido traducido a varios idiomas y su obra ha sido objeto de tesis de licenciatura. Ex director de la Academia Hondureña de la Lengua y ex Director General del Ministerio de Cultura. Premio Internacional de Poesía Platero, Ginebra, Suiza, 1981. Premio Nacional de Literatura Ramón Rosa, Honduras 2000. Premio Nacional de Letras José Trinidad Reyes, UNAH, 2002. Premio OTLI, Gobierno de México, 2017. Ramírez Lozano es un nombre esencial de la literatura centroamericana contemporánea.

UNIÓN
EDITORIAL
CENTROAMERICANA

Impreso en Estados Unidos
para Casasola LLC
Primera Edición

ixiimmxxi

www.ingramcontent.com/pod-product-compliance
Lightning Source LLC
LaVergne TN
LVHW091030080826
845145LV00002B/423

* 9 7 8 1 9 4 2 3 6 9 5 7 8 *